文春文庫

ここがおかしい日本の社会保障

山田昌弘

文藝春秋

ここがおかしい日本の社会保障◉目次

第Ⅱ部 社会保障制度の構造改革

文庫版のための序文
希望格差社会は、民主党政権によって是正されているだろうか？

「シンデレラ」という童話はご存じだろう。最後の場面、王子の従者が、シンデレラが忘れたガラスの靴が合う娘を捜しにいく。シンデレラの継母の娘二人が履こうとするが、二人の足は大きすぎて入らない。それを見た継母は、靴の大きさに合わせようと、娘たちの指やかかとを切ってしまう。それも失敗し、最後にシンデレラが出てきて履くとぴったり合い、王子と結婚してめでたしめでたしというストーリーである。

今の日本の社会保障制度のあり方をみると、この物語を思い出してしまう。人々の働き方、家族のあり方が多様化しているにもかかわらず、現行の社会保障制度は、ガラスの靴のごとく、硬直している。固定化した働き方、家族のあり方を前提としている。そして、その固定化した制度に、むりやり合わせろと強要する。しかし、誰でもシンデレラになれるわけではない。合わせようとしても合わせられない人がたくさん出てきたのだ。その結果、社会保障制度にいろいろなひずみが生じて、将来の生活に不安を感じる人が増えている。なら、制度の方を変化させて、人々の生活実態に合わせるべきではないだろうか。人々の生活を制度に合わせるよう強制し、現行の社会保障制度に合わない人を切り捨てるのではなく、人々の生活実態に合うような制度にすべきではないだろうか。

民主党が二〇〇九年に政権に就いてから、三年が経過した。この三年を振り返ってみよう。政権を奪取した民主党の社会保障政策の課題は、経済・社会の構造転換の過程で生じた生活格差を是正することであったはずである。一九九〇年代後半から、経済的理由による自殺者が急増し、フリーターなど非正規雇用者が増え、ワーキングプアが出現し、貧困率は悪化した。少子化は止まらず、高齢化率は世界一となり、女性の経済や政治への参加はなかなか進まない。私が「希望格差社会」と呼んだように、人々、特に若者が希望をもちにくく、将来の生活に不安を感じる人々が多くなってきた。不安を感じるから、人々の行動がますます保守化して、経済活動がなかなか活性化せず、結婚や子どもをもつことを控える状況が続くことになる。

自民党政権がそのような社会状況の行き詰まりになかなか対処できないのをみて、国民は民主党政権を選択した。そして、民主党中心の政権は、人々が将来の生活に抱く不安を解消するために、「社会保障と税の一体改革」を目指した。従来なされてきた対策の延長、単なる量的拡大では、根本的な格差是正は難しい、これが、社会保障と税の抜本改革に込められた意味だと考えている。

生活の格差を是正し、人々の生活不安を解消するためには、再分配を強化して、低所得者対策を行うと共に、社会保障の「一元化」を行い、働き方や家族形態によって分断されていた社会保障の制度を、一つにまとめることが、民主党社会保障政策の柱だったと私は記憶している。

そして、格差是正のための「子ども手当」や「高校無償化」、そして、制度の一元化をめざす「年金一元化」「幼保一元化」などの政策が打ち出された。もちろん、格差是正の財源のため、消費税の増税はいずれ必要になると思っていた。

一元化を進める理由は、単に効率化して経費を節約するということだけではない。今、働き方、家族のあり方が、ヨコにもタテにも多様化している。一昔前は、働き方としては、自営業か男性サラリーマンと主婦のパート。家族のあり方としては、みんな結婚して離婚せず、男は主に仕事、女は主に家事と考えて間違いなかった。

しかし、今や、仕事と言っても、派遣社員、契約社員、アルバイト、ダブルワーク、フリーランスなど様々な形態が並存している。これが、ヨコへの多様化である。それだけでなくタテにも多様化している。昔なら学校を卒業したら正社員になり、男性なら一生勤めるという形態が一般的だったが、今や大卒でも卒業後正社員にならない人は二割にも上る。そして、正社員をやめてフリーになったり、専業主婦が正社員になったり、自営業者が廃業後フリーター化するなど、複数の職業形態を経験することが一般化する。家族も同様である。生涯独身の人も増え、結婚しても三組に一組は離婚する時代になった。夫婦の形態も、フルタイム共働きもあれば、非正社員女性が夫と子どもを養っているケースもある。親と同居している中年フリーターが増えていると思えば、子どもがいない高齢者も増えている（この点に関しては本書第I、第II部に詳述）。

現代社会では、社会保障を一元化しておかないと、さまざまな不都合、不合理が起きてしまう（不合理の中身は、第I部で詳述）。そして、職業や家族形態によって社会保障が分断されていることによるひずみが、人々に押しつけられ、ワーキングプアを生み出す一要因となっている。

それだけではない。硬直化した社会保障が、職業の移動を妨げ、自由なライフスタイルを取りにくくしている。その結果、結婚や子育てがしづらくなり、少子化が進む。そして、女性が社会で活躍することが難しい状況を生み出している。結果的に、日本社会が停滞する大きな要因になっているのである。

いくつか、例をあげてみよう。

例えば、幼保一元化。幼稚園は、未就学児をもつ母親が専業主婦であることを前提に作られ、保育園は日中仕事をしている母親であることを前提に作られている。三〇年前なら、母親はこの二つのタイプに大別できるとしても大過なかったろう。しかし、現在、最初の出産から末子が小学校に入学するまでの平均一〇年間、母親に同じ状態が続くと仮定することは現実的ではない。専業主婦にもフルタイムの仕事につくチャンスが訪れる、働く母親が休養を兼ねて専業主婦に戻るなど、今となっては日常茶飯事である。その度に子どもたちの預け先を切り替えることは大変な手間だろう。また、世話が中心の保育園では子どもの学習面で不安だという母親も増えている。未就学児の預け先に寄せられるニーズに関し、母親の就業状態によって分離して処遇するということが現実的ではなくなっている。母親が働いていようがいまいが、子どもに共通の世話と学習を提供する未就学児施設であれば、母親は安心して自分の仕事プランを選択することができる。

民主党の基本政策である年金の一元化も同じである。詳しくは第四章でも述べているが、現行の年金制度は、被保険者を三つのカテゴリーに分け、異なったシステムで処遇する。職業や夫婦の分業形態が多様化しているのを、無理にこの三つのカテゴリーに押し込めようとすると矛盾が生じる。

長い人生スパンを取った場合、特に女性のケースでは、正社員、専業主婦、フリーランスなど、各制度を渡り歩くケースがむしろ一般的となっている。男性でも、失業や自営業の廃業によって非正規社員になる、正社員を辞め起業するなど複数の制度を経験する人が増えている。いや、日本経済の活性化のためにも、さまざまな職業形態にチャレンジする人が増えた方がよい。現行の保育制度や年金制度では不合理が生じているから、単なる手直しではなく、一元化した方がよいのだ。

高齢者の貧困問題も同じである。無収入の高齢者を助ける制度として、生活保護と年金という二つの制度が並立して存在しているから問題が起きるのだ。資産を全部使わないと利用できない生活保護、額が生活保護より少ない国民年金、これを統合して、最低保障年金にして生活保護を受けている高齢者を移行させれば、生活保護受給者が相当減るだけでなく、現役世代も安心して老後を迎えられるのである。

しかし、現実はどう進んだか。扶養控除に代わって「子ども手当」が成立したが、二〇一二年三月三一日に廃止、「児童手当」になり当初の半額になってしまった。更に、野党の要求で高所得者に支給が停止されてしまった。これでは、若い高所得者の出産意欲が低下してしまう。高校無償化は実現したが、それでも、収入が低下している子育て世代はいまだに教育費負担に苦しんでいる。

そして、肝心の年金一元化や幼保一元化はなかなか進まない。厚生年金の適用範囲の拡大を目指すといっても現在の政府案でもその対象はわずかで、結局、社会保障制度が、分断された状態は継続している。高所得の正社員家族を優遇する配偶者控除の廃止などはまだまだ手つかずである。

そして、二〇一二年八月、かねてから懸案だった「社会保障と税の一体改革」のうち、消費増税だけ先行して成立し、社会保障のあり方については先送りされることになった。このままだと、消費増税分は、ほとんどが高齢者の年金増加分、特に高額年金受給者の増加に使用される気配である。格差社会の解消どころか、格差社会の拡大につながってしまう。

社会保障の制度改革は、社会保障制度改革国民会議で議論されることになっている。現行の社会保障制度が時代に合わなくなっていることは確かである。現状維持勢力と妥協して、単なる手直しに終わらず、生活格差を緩和し、「一元化」を進め、特に若い人が安心して生活できるような制度に変えることを、国民のために切に望んでいる。

二〇一二年九月

ここがおかしい日本の社会保障

はじめに　身近になった生活苦

ワーキングプアという矛盾

日本でも、「ワーキングプア」という言葉が、定着してきている。ＮＨＫで、ワーキングプア特集が放送されたのが二〇〇六年七月のことである。そこで、真面目に働いているにもかかわらずぎりぎりの生活が強いられる人々の姿が紹介され、大きな反響を呼び、続編も作られた。

ワーキングプアは、一九九〇年ごろ、アメリカで作られた言葉で、フルタイムで働いても人並みの生活もできないくらいの低収入の人を指す言葉として広がった。そして社会哲学者であるジグムント・バウマンは、「ワーキングプア」という概念は、近代社会ではあってはならない概念だと述べている（バウマン『新しい貧困』二〇〇八）[1]。近代資本主義社会は、職に就いて真面目に働きさえすれば、人並みの生活が送れることを保証することにより成り立ってきた。つまり、「働けない」がゆえのプア（貧困者）は存在しても、ワーキングプアは存在しないことを前提に社会が運営され、社会保障をはじめとしてさまざまな制度が組み立てられてきた。
しかし、近年、日本だけでなく、先進国で広まっているのは、「職に就いて真面目に働いても人並みの生活ができる収入が得られない」人々が増大しているという事態である。これを欧米では、ニュー・プア（新しい貧困）とも呼んでいる。[2]
ＮＨＫの特集で紹介された人々も、働くことができなくて生活が苦しいのではない。ましてや、努力せずさぼっているから収入が低いのではない。仕事が減り続ける仕立屋さん、過当競争で収入が激減したタクシー運転手、ネットカフェで寝泊まりする日雇い派遣の若者。彼らは、一生懸命その人なりに働いているのにもかかわらず、人並みの生活ができない状態に置かれた人々なのである。
さらに、近年は、高学歴ワーキングプアという存在も注目されるようになってきた。正規の大学教員になれず非常勤講師や塾のバイトなどで食いつなぐオーバードクター、非正規の職に就く図書館司書やカウンセラーなど、資格等を取って真面目に専門的な職で働いているのにもかかわらず、その収入だけでは人並みの生活が成り立たない人々も出てきている。

貧困の質的変化

バウマンが述べるように、ワーキングプアに代表される新しい貧困は、従来、理解されていた貧困とは、いくつかの点で質的に違っている。

よく、福祉関係研究者などから、日本社会では貧困は昔から存在し続けていた、近年ワーキングプアが話題になるのは、従来隠されてきたものがたまたま社会問題化したものにすぎないといった意見が出される。[3]

しかし、従来存在した貧困は、さまざまな理由で、「フルタイムで働くことができない」状態に置かれた人々の貧困であった。だから、失業者など職を失った人、病気などで働けない人、幼い子どもを抱えるためにフルタイムの就労が難しい母子家庭、無年金の高齢者世帯などが「貧困状態」に陥っていたのである。例外はあるにしろ、フルタイムで働いている人（被雇用者、自営業者）、および、フルタイムで働いている人に扶養されている人（主婦や子ども）、そして、現役時代にフルタイムで働き引退した高齢者は、生活苦に陥ることはめったになかった。貧困対策といえば、生活保護など働けない人に対する福祉、および、失業対策など就労支援の問題に還元できたのである。

しかし、いま起こっているのは、フルタイムで働いていたり、その機会や能力がある人、および、彼らの扶養家族であっても、生活苦に陥る人が出てきたという事態である。もちろん、昔ながらの貧困がなくなったわけではない。しかし、バウマンが言うように、「新しい貧者（ニュー・プア）」は、一昔前の貧者（オールド・プア）とは質的に異なっている。そして、新しい貧困が出現したことによって、従来型の貧困（働いていないがゆえの貧困）もその意味を変じているのである。

それは、「職に就けばなんとかなる」とはいかなくなっているからである。従来型の貧困は、さまざまな理由で働けない人がその中心にいた。ワーキングプアが原則として存在しなかった時代には、働く能力があるにもかかわらず機会がなかったり、働く条件が整わないために貧困状態に陥っていた人々は、「将来」働く場さえあれば貧困から脱出できるという希望を持つことができた。しかし、たとえ働いても貧困状態から抜け出せないという現実を見せられれば、彼らはどう感じるだろうか。ワーキングプアの出現は、従来のタイプの貧困に陥っている人々からも、将来の希望を奪うのである。

また、この状況は、国の社会保障・福祉システムにも影響を及ぼさざるをえない。従来の社会保障・福祉制度[4]は、働く能力があるけれども機会がない人にはその機会を提供することに主眼が置かれていた。また、さまざまな理由で働く能力がない人には、社会福祉によって生活を保護することでこと足りた。しかし、フルタイムで働いても貧困状態から抜け出せないというワーキングプアが出現した現在では、従来型の社会保障・福祉制度では、それに対応できないことは明白である。例えば、生活保護では、フルタイム就労すれば保護費の支給は原則打ち切りとなる。ときには、就労の意志があるだけで受給辞退を迫られることもある。その対応は、労働需要が旺盛で、仕事を選り好みしなければ人並みの生活ができるだけの収入が得られた時代の名残なのである。フルタイムで働いても生活保護支給額と金額が大差ない仕事にしか就けなければ就労意欲は低下するだろう。これも、ワーキングプア出現の副産物なのである。

ワーキングプアが出現した理由については、基本的には拙著『希望格差社会』や『新平等社会』で述べたが、グローバルな経済構造の根本的変化がその根底にある。この点については、第Ⅱ部でもう一度解説する。

ライフコースの不確実化とワーキングプア・リスクの高まり

現代社会における貧困の一つの特徴として、フルタイムで働いても人並みの生活ができる収入が稼げないという意味で、ワーキングプアが出現したことをあげた。

ワーキングプアの出現とともに、われわれの生活の不安を加速させるもう一つの要因が、ライフコースの不確実化である。正確に言えば、ワーキングプアの出現と、ライフコースの不確実化の双方が同時に進行し、相乗作用を起こすことによって、われわれの生活不安を加速させる。そして、何より、従来型の社会保障・福祉制度がうまく働かなくなるのである。

ライフコースの不確実化とは、仕事や家族形態が多様化し、将来、どのようになるか予測がつかなくなることである。この多様化自体は、ライフスタイルの選択肢が広がったという意味では、歓迎されるものである。問題は、その多様化した選択肢の一つとして、ワーキングプア状態が含まれてしまうことである。

まず、家族形態が多様化する以前の状態を確認しておこう。戦後から一九九〇年頃までは、多くの人は、典型的な二つのライフコースをたどることができた。一つは、夫がサラリーマンで妻は主に主婦というコースであり、もう一つは農家や個人商店などの自営業で、一家総出で働くというコースである。これを「モデル家族」と呼び慣わしており、国の税制や社会保障制度を構築する際の前提となるライフコースであり、現実に、多くの人がそれをたどることが期待でき、現実にそうであったものである。

まず、仕事の面では、企業で働く男性は正社員として定年まで働くこと（終身雇用）、そして、自営業の経営が安定していることを前提としていた。また、家族の面では、ほとんどすべての人が結婚し、離婚しないことを前提としていた。

しかし、一九九〇年代後半以降、雇用形態も家族形態も多様化している。それは、自分の好きな雇用形態や家族形態をとることができるというメリットを一部の人々にもたらした。しかし、同時に、男性でも正社員として勤めたくてもできないリスク、自営業がうまくいかなくなるリスク、そして、家族の領域では、結婚できなかったり、離婚するリスクの高まりをもたらしている。自分ではそうなりたくなくても、結果的に、自分にとって不本意な雇用形態や家族形態に陥ってしまうというリスクである。現に、働く人の中で正社員でない人の割合（非正規雇用率）は四割に迫り、伝統的自営業の倒産、廃業は相次ぎ、農村は過疎化しつつある。一生結婚しない若者は、ほぼ四人に一人となると予測され、結婚しても三組に一組は離婚する時代になった。

それは、「特別な理由なく」貧困状態になるリスクが高まっているということである。なぜなら、不安定で低収入の雇用形態に就かざるをえなかったり、（離婚などによって）自分の生活を支える人が誰もいなくなってしまう状況に「陥ってしまう」可能性が高まっているからだ。これが、いままでの貧困と現在の貧困が異なっているもう一つの点である。

これまでの貧困は、何か特別の理由があって貧困状態に陥るというのが共通理解であった。病気やけがで働けなくなったり、自分を扶養してくれていた親や夫が亡くなるという、「突発的な事故」が貧困に陥る主な理由だった。あるいは、ギャンブルなどで借金をしてそれが雪だるま式に広がるなど、身の丈を超えた過大な消費によって引き起こされるものだ。また、企業倒産や解雇や事業の倒産などは、一九九〇年頃までは、「事故」に等しい出来事であった。また、新規事業や芸能人志望などは、失敗を覚悟して挑戦するものであった。つまり、このようなケースでは貧困状態になっても仕方がないと容易に納得できるものであったのである。もちろん、現代日本社会において、いま述べたような伝統的理由による「貧困」がなくなったわけではない。

しかし、現代のワーキングプアは、特別の理由がなくても、周辺環境の変化によって、いつのまにか貧困状態に陥ってしまうことにその特徴がある。ＮＨＫのワーキングプア特集で取り上げられた例の多くはそうである。仕事が減って生活に困る仕立屋さんは、仕事に失敗したわけではない。収入が減り続けるタクシー運転手も会社が倒産したわけでもなければ仕事をさぼっているわけでもない。日雇いで生活する若者の多くも学校で勉強しなかったわけではなく、たまたま、学校卒業時期と就職氷河期が重なった結果、正社員採用からあぶれてしまったケースが多いのだ。

高学歴ワーキングプアも同様に、自ら選択して低収入の専門職になったわけではない。非常勤講師のオーバードクターも、低賃金非正規職員の司書やカウンセラーたちも、大学の先生や正規の司書やカウンセラーになれるという期待をもって勉強を続け、高等教育機関を出て資格を取ったのにもかかわらず、結果的に正規職員の椅子が限られているため、低収入にとどめ置かれている人々である。

ワーキングプアになった彼らからみれば、何も悪いことをしていないし、事故にあったわけでもなく、努力しなかったわけでもない。それなのに、いつのまにか、低収入状態に身を置いている。もしも、経済状況が二〇年前と同じであり、職の需給が釣り合っていたならば、つまり、タクシーには台数制限があり、雇用の規制緩和がなく、大学院の定員や司書資格取得者が少なく、そして、正社員の労働需要が旺盛であれば、貧困状態に陥らなかったはずである。

つまり、二〇年前なら、同じ能力、同じ努力をしていれば人並みの収入が得られたはずなのに、そして、本人に大きな落ち度がなく、事故に遭遇したわけでもないのに、結果的にワーキングプアになってしまうケースが身近に出現したのだ。

これは、単に、「誰にでも起こりうる」といった言葉に還元してはいけない。それならば、病気やけがが、配偶者の死亡など、従来型の貧困も誰にでも起こりうることである。

特別のことが起きない（していない）にもかかわらず、予定した生活ができずに、結果的に貧困状態に陥るケースが出てきたことが重要なのだ。

ワーキングプアになるリスクの高まりは、経済の構造転換や家族意識の変化によって、雇用形態や家族形態が多様化し、いままでどおりの確定的なライフコース（サラリーマン―主婦コースか自営業コース）をとることができなくなったことに原因が求められる。この点に関しても、第Ⅱ部で詳しく検討したい。

そして、ここでも強調しなければならないのは、現在の社会保障・福祉制度は、ワーキングプアの出現と同じように、現在進行中のライフコースの不確実化にも対応できていないということである。例は第Ⅰ部で詳述するが、一つだけ先に記しておこう。例えば、厚生年金はサラリーマン―主婦型家族の退職後の生活保障に対応するものである。しかし、雇用形態が多様化し、非正規雇用に就かざるをえない人の増大により、十分な金額の厚生年金を受け取れない人が増えている。その結果、高齢期に貧困状態に置かれる元被雇用者が増えるのである。

生活不安が強まる本当の理由

ワーキングプア、つまり、特別の理由なく、普通に働いても人並みの生活が送れない人々が増えていることは、それ自体が問題だと考える。もちろん、先進国においては、ワーキングプアといえども、飢え死にするケースは希である[6]。そういう意味で、全員が人並みの生活を送ることを目指すことは、価値観が入るという意味で、倫理的問題である。しかし、将来に希望が持てない人々が増えれば、社会秩序が不安定となる。だから、「貧乏な人は一生貧乏に暮らして当然である、そういう人が身近に暮らしていても一向に平気である」という価値意識を持つ人にとっても、他人事とは言い切れない。

それだけでなく、ワーキングプアの存在は、現在人並みの生活を送ることができている人の不安を強めるのである。一昔前は、貧困に陥った人と、人並みの生活を送っている人々の間には、一つの線を引くことができた。普通に働いていれば、貧困に陥ることはないと信じて生活することができた（もちろんそれは、貧困に陥っている人に差別的視線をもたらすという副作用があるが、ここでは深入りしない）。

しかし、ワーキングプアの出現は、貧困生活をする人と人並みの生活を送っている人の境界を曖昧にする。

それは、真面目に勉強して学校を卒業しても、フルタイムで真面目に働いていても（仕事には家事、育児も含む）、特別にリスクの高いことにチャレンジしなくても、自分のミスで仕事に失敗しなくても、現役時代に真面目に年金を積み立てても、分不相応なお金の使い方をしなくても、病気や事故といった特別なことが起きなくても、将来、貧困状態に陥る可能性を心配する必要が出てきたからである。

学校を卒業しても人並みの収入が得られる職に就けない人、真面目に仕事をしていても徐々に収入が低下する人、真面目に働く男性と結婚しても、夫の収入低下が起きる人、公的年金だけでは暮らせない状態に陥る人。そんな人が身近にいるから、自分にも将来起こりうるのではないかと不安がつのるのである。ワーキングプアの存在が、普通に生活している人に、いままでどおりの生活が送れなくなる可能性があることを強く意識させるのである。

穴だらけの社会保障・福祉制度

では、従来の社会保障・福祉制度は、新しい形の貧困に、そして、現在貧困に陥っていなくても多くの人が抱く貧困に陥る不安に対処できているだろうか？　できていないならばどのように対処すればよいか？　これらを検討することが、本書のテーマである。

社会保障・福祉制度の役割は、①貧困状態に陥ることを防ぐこと、②貧困状態に陥った人をそこから脱出させることをその目的としている。[7] しかし、従来の先進国で整備されてきた社会保障・福祉制度では、現在の社会状況に対応しきれていない。

なぜなら、現行の社会保障・福祉制度の「考え方」そのものが、現在の社会状況に合致していないからだ。いまの社会保障・福祉制度の基本は、戦後の高度成長期に完成したものであり、その時点での経済的、社会的条件を反映したものである。その前提とは、次の二点である。

①大人がフルタイムで働けば、家族が人並みの生活をするのに十分な収入が得られる（ワーキングプアは存在しないこと）。

②将来の仕事や家族のあり方が、ほぼ「予測」できる（ライフスタイルが予測可能であること）。

それゆえに、福祉国家と呼ばれていた先進国では、失業を最大の社会問題とみなし、社会政策を行ってきた。働けるのに働く場がない人には職に就けるように失業対策を行い、病気や高齢などさまざまな理由で働きたくても働くことができない人々には、福祉で救済するという方針をとってきた。とにかく、職に就いて真面目に働きさえすれば、誰でも「人並みの生活が送れる」ことを前提に、社会保障や福祉制度が整備されてきたのである（この場合の誰でも、は男性であって、女性や子どもは仕事に就いている男性に養われていることを前提にしていたという条件がつくが、その点については後で述べる）。

しかし、フルタイムで働いていても貧困状態に陥る事態の出現は、この原則の有効性を失わせる。フルタイムで働いているにもかかわらず低収入の人（それに扶養されている人を含む）を支援する制度がない。また、働く能力があるのに環境が整っていないために、働けない人に対して、フルタイムでの就職支援をしても、その職がワーキングプア程度の収入しかもたらさないものであれば、貧困状態から抜け出せない。従来型の社会保障・福祉制度では、失業者をワーキングプアに置き換えるだけになってしまうのである。

そこに、ライフコースの不確実性が加わる。伝統的な社会保障・福祉制度は、学校を卒業したら、全員が安定した職に就くことができ、結婚し、子どもを持つことを前提としてきた。つまり、全員が、サラリーマン主婦型家族か自営業家族というモデル家族を形成できることを前提にしてきた。これらのモデル家族を標準として、生涯にわたって「人並みの生活」を送れるようにする社会保障制度を作り、不幸にも、そのモデルから外れた人に対しては、社会福祉で最低限の生活を扶助することを原則としていた。

しかし、いま起きているのは、(意識的にも、不本意であっても)モデル家族を外れる人が増えているにもかかわらず、そのような人が生涯にわたって「人並みの生活」を送れるような社会保障制度が整っていないという事態なのである。つまり、モデル家族を外れた人は、自助努力で人並みの生活を作らざるをえず、最低限の生活に落ちるまでは、行政の支援は受けられない構造になっている。

このように現行の社会保障・福祉制度は、現在起きている「ワーキングプア」の出現と増大、および、ライフコースの不確実化に対応できていない。まさに、穴だらけの制度なのである。社会保障・福祉制度が穴だらけであることが、社会保障・福祉制度への信頼性を失わせ、人々の生活不安を増大させているのだ。

その不安の結果、人々にとって、お金を貯めることが唯一の不安解消手段となる。高齢者がお金を貯め込むのも、いざというときに社会保障が役に立たないと考えているからである。逆に、いまの若い人の中でも、いざというときのためにお金を貯めておきたいという意識が強くなっている。消費不況といわれるのも、この社会保障・福祉制度に対する不安感が影響している。そして、一部の希望がない人が、やけになって自暴自棄的行動を起こすことも起きている。この不安を放置することは、日本経済の活性化にとっても、社会秩序の維持にとってもよくないことなのである。

まず、第Ⅰ部では、現行の社会保障・福祉制度に空いている「穴」には、どのようなものがあるかを、実例に即して検討していきたい。

そして、第Ⅱ部では、新しい社会状況、つまり、ワーキングプアの出現とライフコースの不確実化に対して、どのような社会保障・福祉制度が必要になっているのかを理論的視点で考察していきたい。

一、二、三章は、ワーキングプア関連の「穴」の考察である。ワーキングプアを直接サポートする社会保障・福祉制度が存在せず、世帯単位での対応しかできないことによって、現在どのような社会問題が生じているか、そして、それが将来どうなるかを考察する。

四、五、六章は年金制度に関連した「穴」の考察である。現在、年金制度に社会保障の矛盾が集中している観がある。それは、年金は、生涯にわたるライフコースの総決算の意味を持っているからである。ワーキングプアが存在せず、ライフコースの予測可能性を前提にした年金制度が、現在、どのような矛盾を引き起こしているかを事例をあげて見ていく。ここでは、特に、年金の掛け金の徴収と給付が「世帯」単位で行われることが、現代の状況にいかに適合していないかが考察される。

七、八、九章は、各ライフステージ別にみた、社会保障・福祉制度に空いた穴の考察である。七章では、六章を受け、高齢期における社会保障・福祉制度の穴を、八章では、特に育児休業制度を例にとって、子育て期のサポートに空いた穴を、九章では、児童養護制度を例にとって、青年期の社会保障・福祉制度に空いた穴を考察する。これらの穴も、現在の社会保障・福祉制度が、ワーキングプアの存在とライフコース不確実化に対応できないことから生じている問題である。

・注

1. バウマンの強調点は、経済構造の転換によって労働の二極化が生じ低収入者が増えることに加え、消費社会において「人並みの消費ができないこと」によって低収入者が社会から排除されることにあるが、本書では後者に関しては述べない。

2. ニュー・プアは、ワーキングプアに限るものではないし、ワーキングプアは資本主義の初期にも存在していたことも確かである（岩田正美『現代の貧困』二〇〇七）。しかし、現代社会の貧困の最大の特徴が、ワーキングプアであることは間違いないだろう。また、プレカリアートという言葉も使われるようになった（雨宮処凛『プレカリアート』二〇〇七)。

3．岩田正美は、日本ではなかなか貧困が再発見されなかった理由を、その発見する「視点」が欠けていたからだと強調する(岩田二〇〇七)。ただ、やはり、構造的要因によるワーキングプアの大量発生が、社会問題化を後押しさせたに違いない。

4．社会保障・福祉制度という言葉はなじみにくいかもしれない。学術用語では、社会福祉は社会保障に含まれる。ただ、一般的には社会保障というと年金など社会保険を意味することが多いので、社会福祉も含まれることを強調する意味で使用している。

5．リスクはマクロ的には計算可能だが、個人にとっては予め予測できないとして「運命的に降りかかる」ものとして体験される(山田昌弘「家族とリスク」二〇〇七b)。

6．生活保護が打ち切られたために飢死する例は時々みられる。これは、制度の欠陥というよりも、運用の誤りによる人災である。

7．それぞれ、「防貧」「救貧」と呼ばれる。

8．電通の調査によっても、若者の貯蓄意欲が近年高くなっていることがわかっている(山田、電通チームハピネス『幸福の方程式』二〇〇九)。

第I部

ここがおかしい社会保障

一章　生活保護給付より低い最低賃金額――最低賃金の意味変化

生活保護で一生暮らしたいという大学院生

社会保障・福祉制度に対する誤解は数多い。特に、制度の趣旨が理解されず、「金額」だけが一人歩きする。それは、マスコミ報道にもみられるから困りものである。

ある大学の大学院生が、生活保護の報道を見て、次のように聞いてきた。

「オレ、塾のバイトで月に八万円しか稼いでない。バイトに忙しくて、勉強の時間もない。先生、生活保護受ければ、月に一〇万円以上もらえるんでしょう。だったら、オレ、バイトを辞めて、生活保護を受けて一生暮らそうかな。結婚するつもりもないし、海外旅行とかぜいたくしなくてもいい。本買うお金くらいあって、好きな勉強を続けられるなんて、幸せな一生ですよね」

彼は、都内の一戸建てに親と住み、自家用車を乗り回す典型的なパラサイト・大学院生である。大学院の授業料も親に払ってもらっている。確かに服装は地味で、お金をかける趣味もなく研究熱心である。しかし、携帯にパソコン通信、車の維持費などにはけっこうお金がかかっている。私は、「けしからん」と怒ってしまった。生活保護は、子どもを抱えたひとり親や、病気や高齢などで仕事をしたくてもできない人で、かつ、家や貯金など資産がなく、頼る家族もいない人に対して、税金から払うものだ。「なぜ、親にパラサイトして車を乗り回しているやつに、私が払った税金が使われるのだ、許さないぞ」と言ったら、「収入がない人は、全員、生活保護をもらえるのだと思っていた」と言われた。生活保護は、収入がない人に対して、お金を給付する制度ではないのだ。

生活保護給付より低い最低賃金額

現在、最低賃金額は、七〇三円（全国平均二〇〇八年一〇月改定）である。[1] この金額でフルタイム働くとすると、一日八時間、月二二日として、月収約一二万円にしかならない（年収一四〇万円程度）。一日一〇時間、月二五日で、やっと月収一七万円である。生活保護では、単身者なら生活費月額約八万円プラス住宅補助約五万円程度が給付されるから、最低賃金で働いて得る収入は、生活保護給付金とほぼ同じ金額である（文庫版註：二〇一一年には、全国平均七三七円に改定されたが、それでも、一一都道府県で逆転現象が起きている)。それに、生活保護なら健康保険や年金の保険料は免除である。病気になれば税金で支払ってもらえる。しかし、最低賃金額で働いて生活している人は、社会保険料を納めなければならないし、医者にかかればお金はいるし、テレビがあればＮＨＫの受信料を払う必要がある。

月収一二万円で住居費と食費、さらに健康保険や年金の保険料を払って、まともな生活を送ることは難しい。生活保護給付額は、文化的に最低限度の生活を送れる額として設定されている。つまり、はなから最低賃金は、自立してまともな生活を送ることはできない額に設定されているのだ。

いわゆる「ワーキングプア」とか「ネットカフェ難民」は、最低賃金、もしくは、それに近い水準の賃金で働く人たちの生活実態を表している。

先進国最低水準の最低賃金額

そして、日本の最低賃金額は、先進国中最低水準にある。図表１―１を見ればわかるように、フランスには遠く及ばず、アメリカの多くの州と比べても低い[2](二〇〇八年からの円高で、二〇〇七年に比べればこれでも縮まっている)。

図表１－１　最低賃金額の比較

日本	703円（加重平均）（2008年改定）
アメリカ	655円（連邦最低）（2008年改定　2009年より725円） 855円（ワシントン州　州別最高）
イギリス	850円（2008年改定）
フランス	1100円（2008年改定）

（1ドル100円、1ポンド150円、1ユーロ132円で換算　2009年4月平均）

出所：労働政策研究・研修機構
注：アメリカ 6.55ドル（2008年）　7.25ドル（2009年7月）─全国一律最低
　　　　　　8.55ドル（ワシントン州）
　　イギリス 5.73ポンド（2008年10月）
　　フランス 8.71ユーロ（2008年7月）

私は、二〇〇六年にフランスの経営大学院の日本視察団の方々と意見交換会をもったのだが、そのとき、最低賃金額の低さに驚いた彼らに、なぜ日本の若者はデモや暴動を起こさないのかと質問された。二〇〇七年にスペインのテレビ局のインタビューを受けたときにも、ディレクターはスペインでこんな低賃金なら若者はみんな外国に働きに行ってしまうだろうと述べていた。

ただ、最低賃金額が低いのは、最近になって生じたことではない。日本では最低賃金額は常に低く、この金額でフルに働いても、生活保護給付と同程度の額であり続けていたのだ。

とすると、最近になるまで、低い金額でも社会問題として取り上げられなかった理由を考察しなければならない。

フルタイムで働いている人は、まともな収入を稼ぐ職に就けるという前提

最低賃金額は、その収入のみで生活する人は存在しないことを前提に決められており、いままでは、おおむねそう考えてよかった。だから、低くても問題にならなかったのである。これは、次の二つの前提からなる。

①フルタイムで働ける人は、必ず、生活できる程度の収入を得る職に就くことができる。

②最低賃金レベルで働く人には、必ず、彼（彼女）を扶養している家族がいる。

①は、仕事状況にかかわる前提、②は家族状況にかかわる前提である。そして、経済の高度成長期から一九九〇年代半ばまでは、この二つの条件は、おおむね満たされていた。

まず、労働に対する需要が旺盛であり、また、正社員は終身雇用慣行によって守られていた。フルタイムで働く意欲があり、働く条件が整っている人であれば、誰でも「望めば」正社員になれ、真面目に働けば、人並みの生活ができる給与をもらえたのである。

当時、最低賃金レベルの時給で働いていたのは、親に扶養されている学生か、夫に扶養してもらっている主婦であった。もしくは、農家など自営業の所得不足を補うために

片手間で外に働きに出ている兼業労働者であった（それに、年金受給高齢者も含めてよい）。彼らは、中小商店やスーパーマーケットのパート販売員、工場や建設現場、事務の単純作業などに従事した。彼らは、小遣い稼ぎ、もしくは、家計の補助のために働いているのであり、その収入で一家の生活を支えているわけではない。だから、賃金額が低くてもかまわなかったのだ。そもそも、学業や家事、家業という本業があるので、フルタイムで働きに出ることが難しい人たちである。そのため、低賃金かつパートタイムの職が存在しても社会的問題にならなかったのだ。[3]

正社員職の絶対数の不足、低賃金職の増大

仕事状況と、家族状況の大きな変化が近年（一九九〇年代後半）生じたがゆえに、「最低賃金額」と「生活保護」の矛盾が大問題にならざるをえなくなった。それは、先の二つの前提が崩れたことにより、フルタイムで働く意欲があり、条件が整っており、かつ、生活を自分で支える必要がある人が、不安定で低収入の職に就かざるをえなくなっているからである。

それは、労働と家族の状況が変化した結果、生じた事態である。

図表1－2　非正規の職員・従業員比率の推移（男女別）

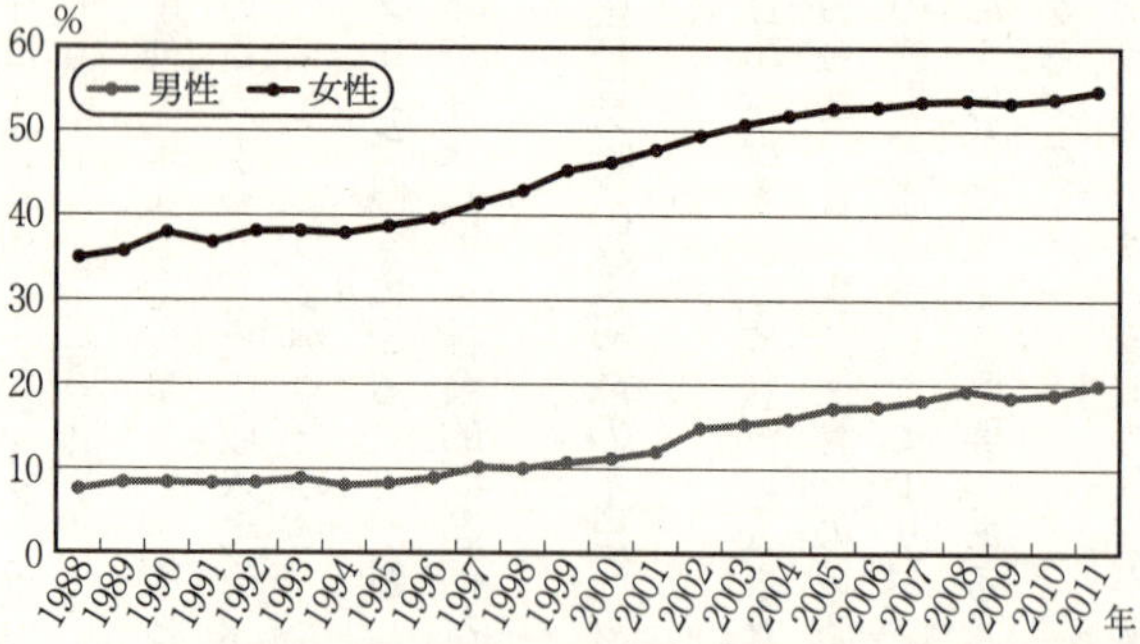

出所：2001年以前は総務庁「労働力調査特別調査」、2002年以降は総務省「労働力調査詳細集計」により作成。

注：「労働力調査特別調査」と「労働力調査詳細集計」とでは、調査方法、調査月などが相違することから、時系列比較には注意を要する。2011年の数値は、岩手県、宮城県及び福島県を除く全国の結果。

まず、仕事側の状況の変化を見てみよう。一九九〇年代後半から、日本では、ニューエコノミー[4]という新しい経済の浸透によって引き起こされた経済の構造転換、および、企業行動の変化によって、単純労働の需要が高まる一方、正社員への需要が低下した。そして、労働の規制緩和により、企業は正社員比率を下げ、最低賃金レベルで雇える非正規雇用者を増やした[5]（図表1―2参照）。その結果、アルバイトなど低賃金で雇用保障のない職に就かざるをえない人が増えた。非正規の職は不安定であり、非正規労働者は、景気が悪化すれば、簡単に低賃金の仕事さえも失う。さらに、正社員であっても低賃金にとどめ置かれる労働者も増え、また、経済の構造転換により、自営業や自由業などでも、安定した収入が得られないケースが増えている。

つまり、まともな収入が安定的に得られる職の数の絶対数が減少し、低賃金で不安定な職が、それに耐えうる人の数を超えて増えたのだ（この原因に関しては、第Ⅱ部で述べる）。

自立せざるをえない低賃金労働者の出現

自ら選択しているのではなく、他に就く職がないために、フルタイムで働いても、最低賃金レベルの職にしか就けない非正規雇用者や、最低賃金レベルの収入しか得られない自営業者たちが増大した。その結果、先に述べた二つの条件が崩れたのである。

①本来、フルタイムで働けるゆえに、自立し家族を扶養することが期待されている人（多くは成人男性）の中でも、家族を養うどころか、自立も難しい低賃金の仕事にしか就けない人が出てきたこと。

②本来、養ってくれる家族、もしくは本業があるから、低賃金の仕事に就いても問題がなかった人（主婦、兼業農家など）の中でも、扶養してくれていた家族がいなくなったり、本業が振るわないため、自立して生活しなければならない人が出てきたこと。

そして、重要なのは、②のケースは、①のケースが増大すると、それにつれて増大するという関係にあることである。夫が正規雇用ならば、妻が家計補助のために最低賃金レベルで働いても問題はなかったが、夫が非正規雇用になれば、妻が最低賃金レベルで働いていたのでは生活ができなくなる。本業の自営業の収入が減少すれば、アルバイトが貴重な収入源となり、その収入が少なければ生活困難に陥るのである。

つまり、自立して生活できる収入を稼げる人が減少すれば、その人に扶養されることを期待して非正規で働いていた人もまた、自立して生活できないワーキングプアに転落してしまうのだ。

パラサイト・シングル現象——隠されるワーキングプア

ただ、日本社会では、増えた単純労働需要の多くを、学校卒業後の若者が担うことになった。そして、単純労働に就く非正規雇用の若者の多くは、親と同居しているパラサイト・シングルである。[6] そのため、経済的に余裕があり、住宅がある親に生活を保障される人が多かった。具体的に言えば、住宅と食事が提供されれば、自分の収入が少なくても、人並みの生活が可能である。つまり、日本では、低収入の若者を親が社会保障している。つまり、親から自立して一人暮らしをしていれば、まともな生活ができないはずの若者たちが貧困生活に陥らなかったのである。だから、二〇〇〇年頃までは、日本では、若年ワーキングプアは目立たない存在だった。

これは、本来自立して生活することが期待される学校卒業後の若者（特に伝統的社会保障・福祉制度のもとでは、結婚して妻子を養って生活することが期待される成年男子）が、自立できずに、サポートを受ける立場になっていることを意味する。つまり、ワーキングプアが隠されていることになる。[7]その結果、結婚したくても経済的にできない若者が増え、日本では少子化が進行するのである[8]（拙著『少子社会日本』二〇〇七、参照）。

隠されたワーキングプアの顕在化

しかし、その親の社会保障力も徐々に低下しつつある。まず、低収入の若者の親自体の経済状況が悪化してきた。非正規の職に就かざるをえない人の親は、そうでない親に比べ経済状況がよくない。それは、貧困の世代間連鎖としてよく知られた事実である。[9]親も生活が苦しいために、自立せざるをえない若者が増える。その結果、自立可能な収入も稼げず、サポートしてくれる家族もないという二重のマイナス要因が重なり、ネットカフェ難民など貧困状態に陥る低収入の若者が顕在化してきたのだ。

加えて、非正規雇用の若者カップルができちゃった結婚をしたり、主婦であった女性が離死別で自立を迫られたり、一家の支え手であった男性がリストラされて非正規雇用労働者となったり、歩合制のタクシー運転手の収入が過当競争で減ったり、自営業の収入が減少するなど、自立して生活したり、家族を扶養する立場にある人の中にも、人並みの生活ができない低収入者が増えている（これは、ライフコースが不確実化した結果でもある）。その結果、先に述べた「低賃金で働く人には、彼・彼女を扶養する家族（もしくは家業）が存在している」という従来の社会保障・福祉制度がよって立つ前提が失われつつある。働いて自立するよりも、生活保護を受けた方がましという人々が増えているのだ。

ワーキングプアを救う制度が存在しない

「フルタイムで働いても人並みの生活ができないほどの、低収入の職にしか就けない」
「自分を扶養してくれる家族が存在しない」
この二つの条件が重なった場合、現在の社会保障・福祉制度では、彼らをサポートする手だてがない。

現在の日本社会では、いわゆる経済的セーフティーネットとして、「生活保護」「最低賃金」「雇用保険」の三つの制度が存在している。しかし、この三者とも、現代社会に特徴的なワーキングプアに対応できない。日本では、セーフティーネットが多重に用意されていると発言した官僚もいたが、それぞれの制度は、ワーキングプアが存在しない時代の産物なのだ。セーフティーネットが多重に存在しているという事実自体が、逆に、ワーキングプアに対する統一的な対応ができていない証拠なのである。なぜなら、そのすべてから漏れてしまうケースが出てきたからだ。

まず、「生活保護」だが、これはフルタイムで働くことが困難で扶養してくれる家族も存在せず、かつ、一定額以上の貯金、年金受給権、売却可能な資産などがない場合に、税金を原資に支給されるものである。そして、これらの要件を満たすかどうかを、担当役所で調査する（これを資力調査―ミーンズ・テストという）。章の冒頭に示した例のように、収入が少ないからといってもらえるものではない。すると、この制度はワーキングプアとは、ほとんど無関係な制度であることがわかる。自宅も貯金もなく、雇用の場を失っても、無収入でもフルタイムで働くことが可能だとみなされれば、生活保護はなかなか受けられない。現実に職に就いておらず無収入でも、働く意志ありとして生活保護費の支給が打ち切られるケースもある。特に、健康な若年者の場合は、申請してもなかなか認められない。[10]

当然のことだが、収入がある親と同居している低収入の若者は、生活保護を受給できない。また、現在の生活保護は、あくまで、病気や高齢、ひとり親で子どもが幼いといった理由で、フルタイムで働きたくても働けない人のためのものである。それゆえ、本当に働けないのかどうか、調査が行われるのである。働けるのに働く場がない、働いても収入が少ないといった人々を救い出す制度ではないのだ。

ワーキングプアには無縁の失業給付

先に述べたように、「最低賃金」規定も役に立たない。日本の最低賃金の規定は、一種の倫理規定である。学生や主婦が働くのにせめてこのくらいの時給でないとかわいそうだという程度の額でしかない。そもそも、最低賃金額でフルタイム働き、自立した生活をする人が存在することを想定していない規定なのである。

最後に、「雇用保険」、その中でも中心の「失業給付（これを一般に失業保険と呼んでいる）」だが、これこそが、「はじめに」で紹介したバウマンが述べたように、ワーキングプアが存在しない時代の遺物なのだ。[11] つまり、全員が希望すれば正社員になれる、つまり、フルタイムで働けば必ず人並みの生活が可能な給与が得られる時代の状況に基づいた制度である。

失業保険は「保険」であるから、掛け金を支払った人が対象である。資産があろうと家族に扶養されていようと支給されるのであるから、生活保護とは異なる。つまり、正社員として人並みの生活ができる収入を得ていた人が職を失ったときに、次の職に就くまでのつなぎとしてお金が給付される制度なのである。そして、次に就く職は、フルタイムで人並みの収入が得られる職であることが前提にされている。

多くの非正規雇用者は、そもそも雇用保険の被保険者ではない。職を失っても失業給付を受給できない。多くの自営ワーキングプアも同様である。二〇〇八年の後半から、派遣切りなどと言われ、非正規雇用者の解雇が続いているが、彼らの大部分は雇用保険の被保険者ではないから、解雇が直、生活破綻と結びつくのだ。この規定は、非正規で働いている人には、彼らを扶養している夫なり親がいるから、失業保険がなくても生活に困らないという前提に立っているのだ。

たとえ失業保険が受給できている元正社員であっても、近年の雇用状況では、次に正社員職に就けるとは限らない。現行の雇用保険の給付期間は三〇歳未満で最長六ヶ月である（四五歳以上六〇歳未満の勤続二〇年以上でも最長一一ヶ月）。正社員が失業後、非正規の職しか見つからず、失業保険が切れたときにフルタイムで働いても人並みの生活ができないワーキングプアに転落するケースもあるだろう。そして、それは今後も増えていくことだろう。

ワーキングプアをサポートする新しい制度構築の必要性

フルタイムで働いても最低賃金レベルの職にしか就けずその収入で暮らす人々が、人間的な生活ができるようにするための新しい制度構築の必要性が生じている。

それは、現にそのような状態に陥っている人だけのためではない。将来、ワーキングプアに転落する可能性がある人々が構造的に出現しているからである。

一つは、最低賃金並みの収入しか得られない正社員が増えていることがある。また、倒産やリストラによって、正社員でも職を失い、正社員に復帰することができない可能性も高まっている。現在、学生であっても、学卒時に正社員などまともな収入が稼げる職に就けるという保証はなくなっている。

それ以上に問題なのは、親と同居していることによって、貧困生活を免れている低収入の若者たちの将来である。親が亡くなったり、親自身の収入が低下すれば、彼らも貧困化することは間違いない。その可能性は次章で詳しく考察する。

つまり、ワーキングプアの問題は、ワーキングプアに転落する可能性の増大とセットになることによって、人々の不安を高めるのだ。その不安を払拭《ふっしょく》するためにも、新しい制度構築の必要がある。これは、第Ⅱ部で述べる。

・注

1．最低賃金額は、地域によって異なる。最高七六六円（東京）、最低六二七円（沖縄など）。二〇一二年九月現在は、最高八三七円（東京）、最低六四五円（岩手、高知、沖縄）。

2．法で最低賃金規定がない国もあり、また、月額を定めている国もある。

3．彼らには、本業（家事や学業、家業）があるので、プライドも問題にならなかった（山田『希望格差社会』二〇〇四a）。

4．ロバート・ライシュの『勝者の代償』（東洋経済新報社二〇〇二）の用語法に従う。

5．これも、派遣業法の改正などの法律改正が影響したが、それ以上に、企業が、非正規社員を雇っても恥ずかしくないという慣習の変化が大きかったと思われる。

6.「パラサイト・シングル」は私の造語で、本来は、親に基本的生活条件を依存し、リッチに暮らす若者を指したが、一九九〇年代後半から若者の低収入化が始まり、自立したくてもできない若者が増えてきて、とてもリッチに暮らしているとは言えなくなっている（山田『パラサイト社会のゆくえ』二〇〇四c）。

7.白波瀬佐和子もこの事実を指摘している（白波瀬佐和子『少子高齢社会のみえない格差』二〇〇五）。

8.山田昌弘二〇〇七a参照。

9.階層社会学者（佐藤俊樹『不平等社会日本』二〇〇〇）や教育社会学者（吉川徹『学歴分断社会』二〇〇九）が統計データをもとに指摘している。

10.二〇〇二年に社会保障費削減政策が始まり、自治体によっては、生活保護の運用が厳しくなり、受付まで時間がかかったり審査が厳しくなり、生活保護を受けて当然であるにもかかわらず、受けられない人が増えていると言われている。（大山典宏『生活保護VSワーキングプア　若者に広がる貧困』二〇〇八）（沼尾波子「自治体の生活保護行政をめぐる現状と課題」二〇〇九）。

11.仕事を選ばなければ必ず収入が保証された正社員になれるという前提のもとでは、優れた制度ということになる。

二章　壮年・親同居未婚者の今後——親による社会保障の限界

相次ぐ親の死を隠す事件

親の死を隠し、親の受給していた年金をもらい続け、死体遺棄と年金の不正受給による詐欺で摘発される事件が相次いでいる。刑事事件としては重大ではないので、大々的に報道されることはないが、注意してみると月に一回程度、新聞の社会面に小さく載る。最近では、二〇〇八年一二月に、尼崎市で三九歳無職男性が「年金あてにして父の遺体を放置」して逮捕されている（毎日新聞朝刊二〇〇八年一二月二九日）。

（文庫版註：二〇一〇年、類似のケースが「所在不明高齢者」としてマスメディアで大きく取り上げられた）

ここでは、二〇〇七年二月に摘発され、五月に懲役二年の実刑判決を受けた兵庫県の男性のケースを見てみよう。容疑は単純である。二〇〇五年一二月、母親が八〇歳で亡くなった後、自宅の庭に埋める（死体遺棄罪）。そして、死亡届を出さず、母親が生前受け取っていた年金を摘発されるまで受け取り、約二〇〇〇万円を詐取（詐欺罪）。男性は無職で五八歳（摘発時）、三台分の車庫がある親が建てた広い家に住み、父親が一五年前に死亡後、母親が存命中は、母親が受け取る月額一六万六〇〇〇円の遺族年金で生活していたという。男性は未婚で、若い頃から定職に就いたことはなく、母親が認知症発症後は、母親の介護を献身的にこなしていたという。男性は、医者に診《み》せるお金も葬式代もなく、仕方なく埋めたと語っている（朝日新聞夕刊大阪版二〇〇七年五月一九日）。

このケースは、前章の最後で述べた親と同居している低収入の若者の将来を暗示していないだろうか。

親と同居する未婚者の世代的特徴

前章で簡単に触れたように、日本では、低賃金で不安定な仕事に就いている若者の多くは、未婚で親と同居し続けることによってワーキングプアに転落することを免れている。つまり、中高年の親が、低収入の若者の社会保障・福祉制度の代行をしているのである。しかし、親はいつまでも生きているわけではなく、多くの場合、親の方が先に亡くなる。親に生活をサポートされているからといって、問題がないとはいえない。

まず、時代的な変化を述べておこう。日本でフリーターなど低賃金で不安定な非正規雇用が増大したのは、一九九〇年代後半である。その時期に学校を卒業（もしくは中退）した若者は正社員として雇用されない人が多く、非正規化の被害をもっとも受けた。彼らは、一九七〇—七五年生まれで、いわゆる団塊ジュニア世代（団塊世代の子どもたち）とほぼ重なり、いまでは、ロストジェネレーション、略して「ロスジェネ」とも呼ばれている。[1] 彼らの親世代である団塊世代は、当時五〇歳前後で、年功序列賃金慣行のおかげで収入が相対的に高く、雇用は安定しており、持ち家率も高く、経済的に豊かな状況にあった。家庭の中に、低収入の未婚の息子や娘の生活をサポートする余裕が十分にあったのである。それゆえに、日本社会では、この時期には、若者の不安定雇用が社会問題とならなかった。若者のワーキングプアが社会問題として取り上げられるようになるのは、親自体の経済状況が悪化したことで子をサポートできないケースや、地元で職がないため、都市部や大工場がある場所に移動してきた一人暮らしの若年男性が増大する、二〇〇〇年代後半になってからである。

壮年・親同居未婚者の増大

日本社会では、結婚まで親と同居し続けるのが一般的で、成人未婚者の親との同居率は、おおよそ八割である。そして、現在、未婚率が高まり、二〇〇五年時点で三〇代前半の男性では四七・一％、女性では三二・〇％に達している（文庫版註：二〇一〇年時点で、男性四七・三％、女性三四・五％）。その結果、二〇歳から三四歳までの親同居・未婚者は、二〇〇七年時点で約一一〇〇万人いる（図表2―1参照）。

親と同居している男性の中でも、収入が安定している人は、結婚して離家する割合が高い。そのような男性と出会った女性も結婚して離家する。しかし、収入が相対的に低く不安定な男性は、結婚相手として選ばれにくく、自立して生活することは難しい。一方、女性も、定職に就く男性の絶対数の不足から、未婚のまま親と同居し続ける人数が増える。また、女性の非正規雇用率は男性よりも高く、平均収入も低い。その結果、相対的に低収入の男性と、結婚相手に恵まれなかった女性（そもそも非正規雇用で低収入である可能性が男性よりも高い）が、親と同居し続けることになる。

親と同居している若者も当然歳を取る。その結果、現在、壮年の親同居未婚者が数を増しつつある。総務省統計研修所の西文彦研究官の分析によると、二〇〇七年現在、三五歳から四四歳（一九六三―一九七二年生まれ）までの親同居未婚者は全国で二六四万人に達し、当該人口の一四％となっている[2]（文庫版註：二〇一〇年で二九五万人となる）。

図表2-1　親と同居の若年未婚者（20-34歳）数の推移
-全国（1980、1985、1990、1995、2000、2005-2010年）

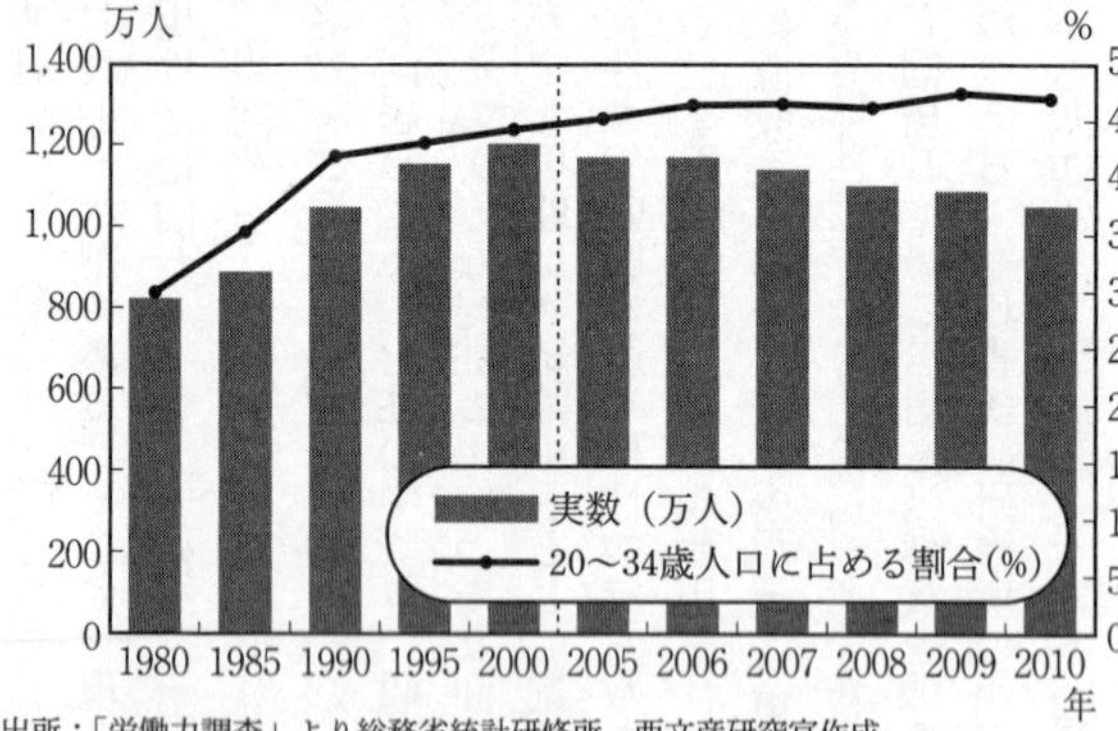

出所：「労働力調査」より総務省統計研修所、西文彦研究官作成
注：上図は各年とも9月の数値である。

図表2-2　親と同居の壮年未婚者（35-44歳）数の推移
-全国（1980、1985、1990、1995-2010年）

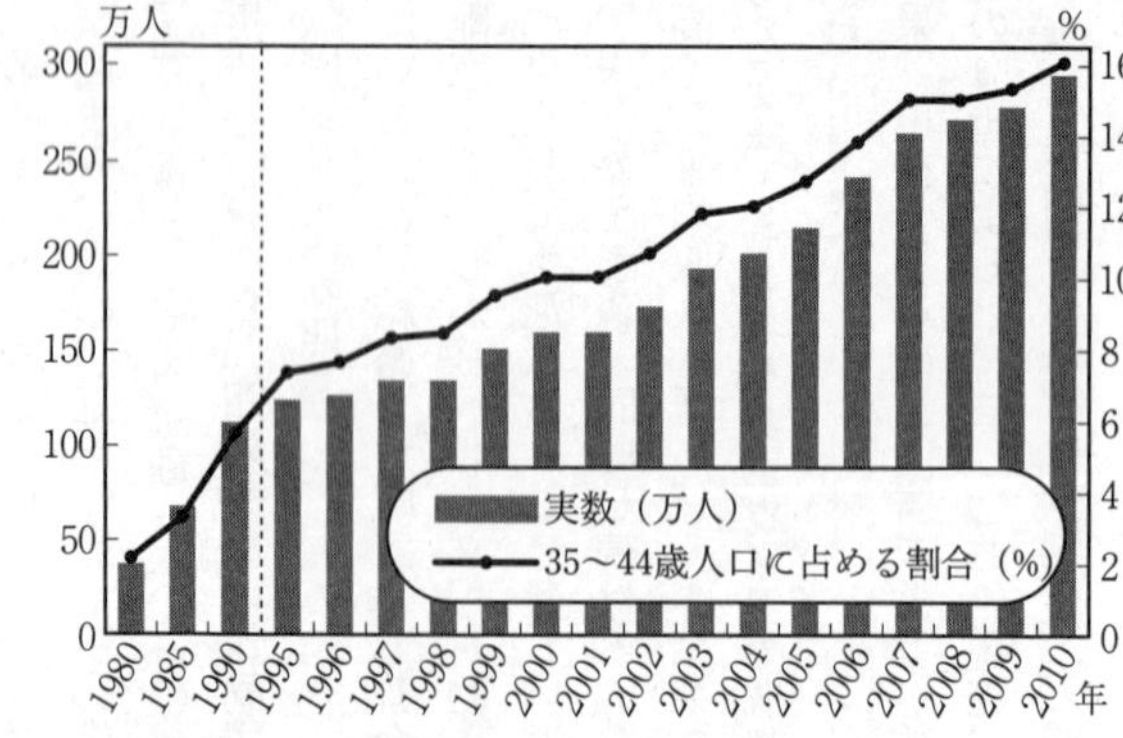

出所：「労働力調査」より総務省統計研修所、西文彦研究官作成
注：上図は各年とも9月の数値である。

図表2―2を見ればわかるように、近年、その人数は急速に増加し続けている。その理由は、一九九〇年代後半に低収入の非正規雇用に就かざるをえなくなった若者が年齢を重ね、壮年世代に突入したからである。いまの三〇代前半までの若者の雇用の大幅な改善が見込めないなら、その数は今後ますます増えていくだろう。

年金パラサイト・シングル

西氏の分析によると、壮年の親同居未婚者は、それ以外（既婚か一人暮らし）の同年代の人々と比べると、失業率が高く、また、非正規率（勤務状況がパートやアルバイトのもの）も高い。その割合は、年によって変動するが、二〇〇〇年代に入ってからは、おおむね、無職率一割、非正規雇用者率一割を前後した水準にある（今後、ロストジェネレーションがこの年代に入るとその割合も上昇すると予測できる）。つまり、収入が少ないために、結婚も自立もできず親と同居し続け、基本的な生活条件を親に依存している壮年が、いまの時点で、ざっと見積もって五〇万人いることになる。そして、この年代の親は、七〇歳前後であるから、父親も引退して年金生活に入っている可能性が高い。つまり、年金パラサイト・シングルといってよい存在なのだ。この年代の親（一九四〇年前後の生まれ）は、戦後年金制度が整備されてから就職した人たちなので、公的年金額では比較的恵まれている世代である。夫が亡くなっても妻は十分に生活できるだけの遺族年金を受給できる。また、持ち家など資産形成が順調にいった世代でもある。それゆえに、壮年の子が無職でも低収入でも、そして、たとえ、親が要介護状態になっても、親の一方が生存している限り、人並みの生活は可能なのである。

親の死による問題の顕在化

親と同居している子は、経済生活を支えてくれている親が亡くなったときに、問題が顕在化する。もちろん、壮年親同居未婚者といっても、本人が正社員などで十分な収入があれば、問題はない。しかし、無職や低収入で親に経済的に依存して生活していた人は、すぐに生活困難に直面する。サラリーマンだった夫に扶養されていた妻には、夫が死亡後に遺族年金が支給される。しかし、成人している子どもを扶養している親が亡くなっても、年金受給権は相続できない。そして、前章で述べたように、「生活保護」は使いづらい。なぜなら、親が残した不動産や貯金があると、生活保護要件を満たさないのだ。いくら自宅を相続しても、固定資産税や光熱費、食費と相当額の現金が必要になる。それを自分の収入で賄いきれないとなれば、貯金を使い切り、不動産を切り売りし、借金をして無一文になって初めて生活保護受給の要件を満たすことができる。働きに出ようにも、親が亡くなるときには自分も高齢になっている可能性が高く、十分な収入のある就職先を得られる見込みは薄い。

冒頭の死体遺棄事件の例を見てもわかるように、親の死を隠して年金を詐取し続けるという犯罪行為をする以外に、人並みの生活を続けることは困難となる。実刑判決を受けた彼が刑期を終え出所してきたところで、高齢ゆえに就職先が見つかる可能性は低く、出所後の生活の見通しは立たない。

年金パラサイト・シングルをサポートする社会保障・福祉制度がない

将来、生活困難に陥ることが確実な、無収入もしくは低収入の壮年パラサイト・シングルをサポートする制度はない。それには、二つの理由がある。

まず、現行の制度は、親の年金に依存して生活する低収入、無収入の壮年が存在することを想定していない。壮年であれば、結婚して仕事か家事をして生活をしているか、もしくは、一人暮らしであることが制度の前提になっている。

もう一つは、社会保障の単位が基本的に「世帯」に置かれていることである。年金等の収入がある親と世帯を同じにしていれば、親の収入に依存してでも人並みの生活を送れているから、福祉の出番はない。将来、親が亡くなったときに生活困難に陥ることは予測できても、現に生活に困っていない人をサポートする制度はない。

もしも一人暮らしで収入が低く、生活に困っているなら、就労支援や生活保護に引っかかってくるだろう。また、親と同居していても、親の収入が低ければ、これも社会福祉の対象となるだろう。しかし、収入のある親と同居し生活している限り、その問題性は潜在し、表に出てこない。

親との同居によって隠される貧困問題

親との同居によって問題が隠されるのは、未婚者に限らない。私は、離婚調査をしていたときに、離別後、実家に帰って親と同居するケースが多いことが気になった（私の調査では、離別後に親と同居する女性は四〇％、男性でも約三〇％に達している。『離婚急増社会における夫婦の愛情関係の実証研究』平成一八年度科学研究費報告書）。私がインタビュー調査した中では、ある乳児を持つ母親が離別して実家に帰ったとき、定年退職し

図表2-3　無就業・無就学の壮年者（35-44歳）数の推移
-全国（1980、1985、1990、1995-2009年）

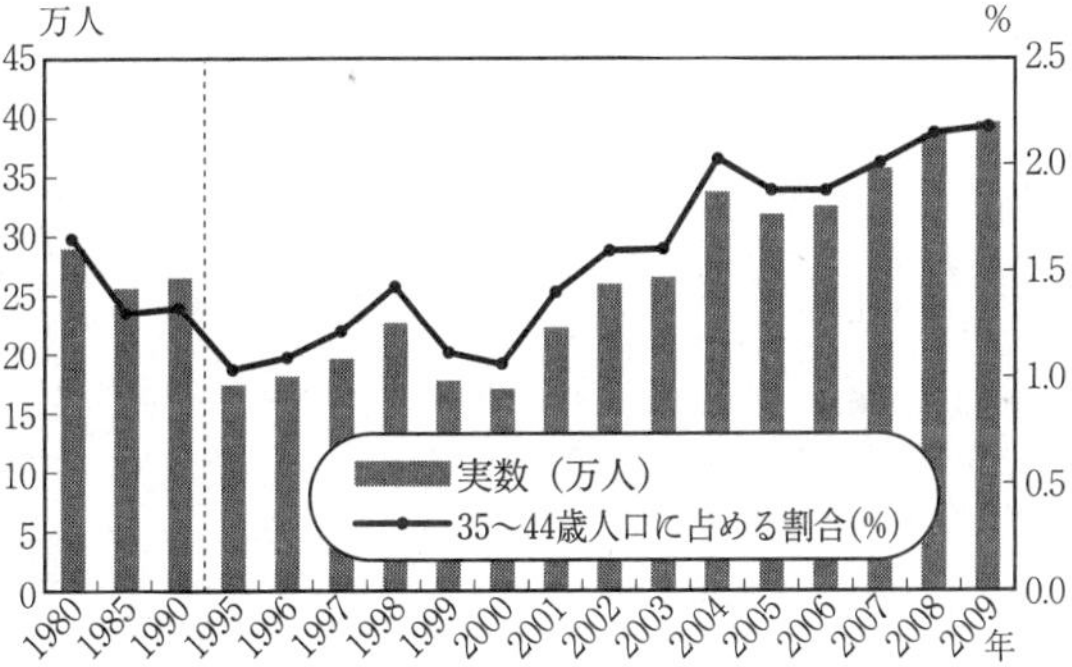

出所：「労働力調査」より総務省統計研修所、西文彦研究官作成
注：上図は各年とも9月の数値である。

た自分の父親（子にとっての祖父）が再就職して、母子の生活を支えてくれたという。このケースでは、子どもを母（つまり子の祖母）に預けている間に自分は就職活動をし、正社員として就職、数年後、自立して生活できるようになったという。これも親が母子家庭の生活保障と就職活動中のサポートを政府に代わって肩代わりしていることになる。正社員としての就職先も見つからず、親の年金に依存して生活する母子もかなり多くなっているに違いない。

　現実の貧困が親との同居によって「一時的に」隠され、問題が先送りされているのだ。

親との同居が隠す社会問題——ひきこもりと高齢者虐待

この壮年パラサイト・シングルは、別の社会問題ともリンクしている。

一つは、「社会的ひきこもり」である。自分の部屋にひきこもり社会的接触を持たない若者は、少なく見積もっても五〇万人以上いると言われている。ひきこもりが社会的問題になり始めたのは、一九九〇年代後半であり、その当時は、一〇代の若者が多かったが、現在では三〇代でひきこもっている人も珍しくなくなっている。

この社会的ひきこもりも、親が未婚の若者の面倒を見続けるという日本的親子関係の特徴と関係している。欧米ではほとんど見られず、日本以外では韓国で事例が報告されている程度である。これも、追い出さず、食料を用意するなど、親がいつまでもサポートし続ける結果生じている現象である。[3] とりあえず親が元気でいる限り生活できているのだから、現在の社会保障・福祉制度の枠組みからは外れている。

次に指摘しておきたいのは、「高齢者虐待」である。厚生労働省の二〇〇六年度の調査によると、高齢者虐待でもっとも多い虐待者の続柄は、実の息子であり、もっとも多い世帯類型は高齢者と未婚の子からなる世帯なのである。一九九〇年代は、加害者は嫁

図表2-4　虐待者の被虐待高齢者との続柄

	夫	妻	息子	娘	息子の配偶者（嫁）	娘の配偶者（婿）	兄弟姉妹	孫	その他	不明	合計
人	3,095	910	7,783	2,842	1,323	376	344	783	788	22	18,266
%	16.9	5.0	42.6	15.6	7.2	2.1	1.9	4.3	4.3	0.1	100.0

出所：厚生労働省「平成22年度高齢者虐待防止法に基づく対応状況等に関する調査結果」
注：1件の事例に対し、虐待者が複数の場合があるため、虐待判断事例総数16,668件に対し虐待者総数は18,266人であった。

で介護ストレスが原因であるものが多かった。二〇〇〇年の介護保険の導入により、そのようなケースは減少し、同居の息子からの虐待が目立って増えているのだ（文庫版註：二〇一〇年度調査でも、その割合・人数ともに増大している。図表2―4参照）。

要介護状態になった高齢の母親と同居する未婚の息子が、暴力をふるったり、親の年金を取り上げたり、介護を放棄するなどのケースが多いと報告されている。いままでは世話を受ける存在だった未婚の息子が、要介護になった親に直面したとき、家事や世話ができずに放置してしまうケースが多いという。経済的には、年金にパラサイトしている無職や低収入の中年の息子が、親を施設に入れると、親の年金が使えなくなって自分の生活が困難になるため、無理に自分の家で抱え込むことが要因の一つだと考えられる。また、虐待を受けている親の方も、実の息子ゆえになかなか表ざたにしたがらないというのも、問題を深刻化させる要因である。

これも、親同居によって隠される社会問題の一例である。

世帯単位のセーフティーネットからの脱却の必要性

現在の社会保障・福祉制度は、世帯単位に構築されている。そして、現在生活に困っていない人は対象にならない。そのため、成人になった子どもが同居することが多い日本社会では、個人単位で見れば問題だが、世帯単位で見れば問題ではない状況が、制度的に放置されるのである。

そのため、中高年のひきこもりなどは、民間のボランティア・グループ等のサポートに頼っているのが現状である。世帯の中に隠れている貧困状態、問題状況をすくい上げる制度設計が必要なのである。

・注

1.『ロストジェネレーション　さまよう二〇〇〇万人』(朝日新聞取材班二〇〇七)参照。

2．総務省統計研修所の西文彦研究官が精力的に集計分析している(総務省統計研修所ホームページ参照)。

3．親が世話をし続けることが、社会的ひきこもりを長期化させる一要因と言われている(斎藤環『社会的ひきこもり』一九九八)。

三章　高学歴ワーキングプア——勉強が報われないという現実

あるスクール・カウンセラーの生活実態

スクール・カウンセラーという仕事があることはご存じの方も多いだろう。小中学校に派遣され、心の悩みを持つ生徒のサポートをする仕事である。しかし、その人たちの具体的な生活実態となるとなかなか見えてこない。

首都圏のある市のスクール・カウンセラーとして働き始めた女性（三〇代半ば）にインタビュー調査をした。大学院卒業後、喜んで職に就いたばかりの彼女は、先輩の既婚女性から、「結婚して家庭を持ちながら続けるならこの職はいいよ」と言われたそうである。一人暮らしではとても暮らせる収入ではないという意味を、言外に含んでいたことがわかるのに時間はかからなかった。

週四日勤務、月収二五万円。残業代、ボーナスはないので、収入は名目ぴったりの三〇〇万円。昇給はなく、単年度契約で身分は不安定である。それでも彼女の勤める市のスクール・カウンセラーの給与はいい方で、月給一六万円（もちろん、残業代、ボーナスなし）の自治体もあり、時給換算すると、約一五〇〇円。病院では、時給換算九〇〇円程度の心理カウンセラーもいるそうである。それでも、フルタイムで仕事があればよい方で、大学院卒業生の中には、非常勤で月収一〇万円程度の職に就くカウンセラーも多いという。これが、大学院を出て、臨床心理士の資格を持つカウンセラーの実情なのである。

彼女は、首都圏で一人暮らし。これだけでは生活が苦しいということで、土日には事務のアルバイト、つまり、ダブルワークをしている。まさに、彼女の先輩が言ったように安定した収入を稼ぐ男性と結婚するか、前章で述べたように親と同居してパラサイトでもしない限り、なかなかまともな生活ができないのだ。男性のカウンセラーの中には、せっかく資格を取ったのに、結婚できない（妻子を養えない）から、一般企業に就職した人もいるという。臨床心理士は、大学院卒の専門職でありながら、それを持っているだけでは自立して生活することが困難な収入しか得られない資格になっているのである。同じ学校で生徒の成長にかかわる仕事をしているのに、学校教師は収入も高く終身雇用で身分が保障され、カウンセラーは不安定で低収入、この違いはなんだと憤《いきどお》るスクール・カウンセラーに会ったこともある。

高学歴ワーキングプア

いま、高学歴ワーキングプアの存在が話題になっている。私は、大学院修士卒以上、もしくは大学卒でも専門的資格を持ちながら、一般企業の正社員よりはるかに低い収入しか得られず、自立して豊かな生活をすることが困難な人と定義したい。年収三〇〇万で貧困とは、ぜいたくだと思われるかもしれない。しかし、この年収で暮らしている高学歴専門職の人（男性）に言わせれば、一人なら暮らせないことはないが、妻子を養って人並みの生活を営むのは無理だという。また、学校カウンセラーの例で述べたように、多くの高学歴ワーキングプアは、終身雇用ではない仕事に就いており、将来が不安だという。逆に言えば、終身雇用の専門職に就いている高学歴の人は、原則、ワーキングプアにはならない。正規―非正規格差が甚だしいのが、高学歴専門職の特徴なのだ。

非正規労働者が多くなっている高学歴専門職には、スクール・カウンセラー以外に次のようなものがある。

①オーバードクター

私が大学教師をしているため、もっとも目につくのは、大学院博士課程修了者、いわゆるオーバードクターである。近年、その実態は、報道などでも明らかにされつつある。[1]
非常勤講師と呼ばれ、週一回の大学の講義を受け持つ人は、一コマの月収が二―三万円程度である。週一〇回講義を持って、年収三〇〇万円に届くかどうか。普通、複数の大学を掛け持ちするので、勤務先の社会保険に原則入れない。そして、週一〇コマの講義を受け持つ人は例外で、いまや、学問分野によっては、非常勤講師にさえ就けないオーバードクターも多くなってきた。最近、大学研究員という職名を聞くようになったが、もっとも恵まれている学術振興会の特別研究員になれる人は少数で、それも数年で任期が切れ、それ以上の保証はない。また、無給の研究員も珍しくない。オーバードクターの実態に関しては、私にとってあまりに身近でつらい話も多く、これくらいにしておく。

②非常勤司書・学芸員、学校非常勤教師

司書や学芸員、学校教師は、大学卒レベルの資格だが、これらの資格を取るには、長期間の実習を含む単位取得が必要である。そして、現在、司書や学芸員の正規職員の募集は極めて少なくなっている。大学を含む多くの図書館や博物館、美術館でここ一〇年の間に非正規化が進行している。その募集内容は、スクール・カウンセラーと似ており、月収二〇万円程度、残業代、ボーナスなしというところが多い。高校などを中心として、週数時間特定の科目の授業を行う非常勤の時間講師も公私立を問わず多い。彼らは、公共機関に勤務しながら、多くは嘱託職員として採用され、仕事の継続保証がなく、社会保険も正規公務員の扱いを受けられないケースがほとんどである。

③獣医師、歯科医師

獣医、歯科医にワーキングプアがいるとは信じられないかもしれない。しかし、ペットクリニックや歯科医院で非常勤で働いている獣医、歯科医の時給はその専門内容を考えると驚くほど低い。私がインタビューしたある獣医師（二〇代後半女性）は、時給一二〇〇円と事務の派遣社員並みと言っていた。[2] もちろん、開業して顧客がつけば高収入が得られるとはいえ、現在、過当競争状態で開業してもうまくやっていけるかどうかわからず、開業資金もなかなか貯まらないと言う。歯科医師もそれほどではないにしろ、投資額に見合うほどの高給ではなくなっている。

④ピアノ教師など

芸術系の大学、特に、音楽系の大学卒業者の大部分は、身につけた技能を自立した職業として成り立たせることは難しい。演奏家で収入が得られるのは卒業生のうち一握りであり、近年は、学校の先生も狭き門である。少子化の影響、そして、お稽古ごとが英語にシフトしているため、民間のピアノ教室の教師は常に過剰であり、時給換算一〇〇〇円程度のアルバイトピアノ教師も珍しくない。昔は、女性の芸術系大学の卒業生は高収入の男性と結婚して主婦になることが多かったが、現在、収入が高い未婚男性の数は減る一方なので、そちらにも進めない。

非常勤専門職は正規職員のアルバイトだった

そもそも、非常勤専門職は、それだけの収入で暮らすことを前提とした制度ではない。例えば、大学の非常勤講師は、いまでこそ、オーバードクターの勤務先との位置づけが強くなっているが、一九九〇年頃までは、他大学の教授等を特別に呼んで講義してもらうための職であった。大学の講義は専門性が強いゆえに、大学が自前のスタッフだけであらゆる講義科目を教えることは不可能である。他大学の正規の教員は生活するのに十分な給与をもらっているので、月給二―三万というお礼程度の額でよかったのである。これも、「非正規の職は、そもそも他に生活の手段がある人が小遣い稼ぎや家計補助のため行うものだ」という一章で述べた原則の変形なのである。大学教員は、原則残業がないので、一般サラリーマンの残業代わりに行う仕事だと思えばよかった。

非常勤のカウンセラーや司書、学校の時間講師、獣医師、歯科医なども、以前はそうだった。正規職員を雇うほどではない「半端」な時間、他に本職を持っている人が残業代わりに、もしくは、結婚退職して資格を持っている主婦など扶養してくれる家族がいる人が空いた時間を活用するアルバイトとして行うものと想定されていた。家計補助か小遣い稼ぎ、義理としてのボランティアだから、賃金が低くても大丈夫だったのだ。

私が前に勤務していた大学の研究室でも、一九九〇年代半ばまでは、非常勤講師といえば、他大学の先生に頭を下げてお願いして来ていただくものであった。全員が他大学の正規の教授、助教授だった。そもそもオーバードクターはほとんど存在しなかった。しかし、一九九〇年代後半から様相が変わり、オーバードクターに科目を持ってもらうことが多くなり、現在は非常勤講師の大部分がオーバードクターによって占められるようになった。

高学歴ワーキングプア増大の理由1　供給過剰

高学歴ワーキングプアは、いままで本業があったり家族に扶養されていた人が行っていた仕事を本業とする人が出てきたという意味で、単純労働ワーキングプアと同じだが、それが増えた理由は異なっている。

単純労働ワーキングプアは、そのような労働が必要だから増えたといえる。オートメーションの大規模工場ができれば、検品や単純組み立てのための単純労働者が必要となり、コンビニやファストフード店ができれば、単純接客のアルバイト労働者が必要になる。特段技能蓄積がない若者がそのような仕事を担うようになったのである。つまり、ワーキングプア層への需要が増えたことにある。需要が増えたのに、低賃金なのは、「グローバル化」による国際的な賃金低下の圧力にあり、正社員採用減で、新規学校卒の若者が供給できたからである。

一方、高学歴ワーキングプアは、専門職としての仕事が増えないにもかかわらず、それに携わる資格や能力を持った人が増えていることによってもたらされた。つまり、高学歴専門職になりたい人の供給が増えている。大学院卒、もしくは、資格取得後に、正規の職に就ける人が少なくなる。[3] そのあふれた分が、本来正規職員の片手間のバイトであった、非正規雇用の仕事に流れ込んだのである。

高学歴ワーキングプア増大の理由2　公共サービスの経費削減

さらに、スクール・カウンセラーや司書のような「公共サービス」の仕事は、企業のように売上げや業績といった目に見える指標がないので、その賃金は恣意的に決定されがちである。本人の労働生産性ではなく、その時点での有資格の労働者の供給状況や、労働者を雇う側の都合によって決まる。そこで生じたのは、待遇が悪く低賃金でも、人集めに苦労しないという現実である。司書や学芸員の資格を持った大学生が毎年何万人も卒業し、できればそのような仕事に就きたいと思っていれば、労働市場は買い手市場になる。そして、一九九〇年代後半からの財政改革によって、大学をはじめ自治体の公共図書館にも経費削減の波が押し寄せ、正規の専門職を削減し、非正規に置き換える動きが強まった。司書や学芸員の仕事は金銭的成果で計りにくい。いくらいい仕事をしても、その結果として直接売上げが伸びるわけではない。これは、大学教授や学校教師も同じである。てっとり早く財政改革の成果を上げるために、非正規化を図って、賃金の安い非常勤職員に置き換える動きが加速したのである。大学非常勤講師も、他大学の教授に対する「お礼」の範囲を超えることなく、いくらでもオーバードクターが集まる。週一時間、月給三万の非常勤の講師を公募し、何十人もの応募者から選考して決定する大学もあるくらい、求職者集めには苦労しないのだ。それゆえ、非常勤職員の給与は、それが、片手間の仕事であったときと同じにとどめ置かれても、雇う側に不都合は生じない。

スクール・カウンセラーや病院カウンセラーは新しい職種であるから、待遇や賃金をどのようにするかは、雇う側の考え方によって決まる。学校教員や看護師のように、大部分を正規の公務員として雇う道もあったはずである。どういう力関係が働いたのかわからないが、これも、経費削減の要請と低賃金でも人がいくらでも集まるので、結局は一年契約の非常勤職員という形を取ることが多くなったのである。

バトルロワイヤル的な状況

高学歴ワーキングプアに対するサポートシステムがないのは、正規の職に就ければ問題は解決してしまうからだ。オーバードクターは、正規の教員職に就いてしまえば、問題は解決する。四〇歳で正規の教員になったあるオーバードクターは、正規の教員になった途端に、講義の時間数を半分に減らしても、収入が二倍以上に増えたそうである。その上、アルバイトをしていた妻の年金保険料納付負担もなくなるというおまけまでついてきたという（この点は、四章で述べる）。

心理カウンセラーも、公務員試験に受かって心理職の正規公務員になれば、将来の心配をしなくてすむ。例えば、児童養護施設などの心理職員は、雇用が安定した公務員であることが多い。また、非常勤で働く司書や学芸員も、いつか、正規の職員になれるのではないかと期待している。また、獣医師や歯科医も、開業して事業が軌道に乗れば、低収入から抜け出せる。私がインタビューしたワーキングプアの獣医師は、獣医職の地方公務員試験を受けると語っていた。

問題は、全員が正規の職に就くことが構造的に不可能ということである。

プロレスに「バトルロワイヤル」という競技がある。十数人のレスラーがリングに上がり、自由に格闘し、リング外にはじき飛ばされた者が順に脱落していき、残った者一人が賞金を総取りするというものである。いまの高学歴ワーキングプアの置かれた状況は、まさに、このバトルロワイヤルにそっくりである。

「頑張ればよい」と言う人がよくいるが、バトルロワイヤルでいくら頑張っても、一人以外はみな脱落する。椅子の数が限られ、その椅子に座りたい人がたくさんいる状況なので、頑張っても一生正規の仕事に就けない専門家が大量に発生する構造になっているのだ。

供給過剰の実態

供給過剰の実態を見てみよう。

例えば、オーバードクターに関していえば、現在、大学院の博士課程修了者は、二〇〇六年度で約一万五〇〇〇人となっている。二〇〇〇年頃には一万人程度、一九九〇年頃ははるかに少なかった（文庫版註：二〇一一年、一万五八九二人）。ちなみに私は博士号を持っていない。博士課程三年在籍で正規の教員になれたからである。一九八〇年代までは、博士課程に進学すれば、三〇歳までに就職できないとは考えられなかった（私の師匠の故東大教授は、修士号も持っていなかった。なぜなら、修士課程在籍中に正規の教員になったからである）。九〇年代に始まった文部科学省の大学院重点化政策により、多くの大学に大学院博士課程が整備され、従来の大学院も定員を大幅に増加させた。しかし、大学の正規の教員ポストはそれほど増えない。増えないどころか、大学危機の時代である。今後は少子化によって入学者が減少し、それに伴って正規教員ポスト数は減少することが予測されている。大学の正規の教員数は、全国で約一二万人。三〇歳から七〇歳までポストにいるとして、四〇で割れば平均的な毎年の退職人数となる。その数は、三〇〇〇名である。平均すれば、毎年三〇〇〇名の大学教員が退職する。三五歳から六五歳と短めに見積もっても四〇〇〇名である。

単純に計算すれば、毎年四〇〇〇名程度の正規大学教員ポストに毎年一万五〇〇〇名が挑むのである。この数がこのままだとすると、年に一万人以上の博士課程修了者が

「一生」正規の大学教員ポストに就けないままそのキャリアを終えることになる。

図書館や博物館職員も将来の展望が描けない。自治体の財政が苦しい時代に、公立図書館や博物館が増える見込みはない。また、一度正規の司書や学芸員になると、ほとんど退職しないので、新規需要がたいへん少ない。私立博物館等の事情は、もっと深刻で、そもそも正規職員自体の数が少ない上に、企業収益の悪化が追い打ちをかけている。

また、歯科医師や獣医師も過剰といえる。都会では、歯科医院やペットクリニック等が乱立し、新たに開業する余地が減っているのである。

法科大学院、会計大学院卒業生の不安

これらの高学歴ワーキングプアに今後加わる可能性があるのが、いま話題になっている法科大学院、会計大学院卒業生である。法科大学院の定員は、全国で約五九〇〇人、司法試験合格者は二〇〇八年には二〇六五人で、最終的には三〇〇〇人程度まで増やす予定という。とすると、定員がいままでどおり、合格者が予定どおりだとすると、今後、「一生」司法試験に受からない法科大学院卒業生が、年平均三〇〇〇人出てくることになる。新司法試験は、五年間で三回までしか受けることができない。法曹資格をとれな

いとわかる時点では、三〇歳を超えている人が多いと推察される。彼らが、その後、どのような職業に就けるのか、まったく想定されていない（文庫版註：結局、その後、入学者定員、入学者数ともに大きく減少したが、合格者数も減少し、抜本的な問題は解決されていない）。

たとえ司法試験に合格し、弁護士資格が取れても安心というわけにはいかない。二〇〇八年から、合格者が増えすぎて、法律事務所に就職できない弁護士も増えているといわれている。今後、合格者がさらに増えると、「フリーター弁護士」が増大していくだろう。

会計士も、二〇〇〇年までは、年七〇〇人前後だった合格者が、二〇〇一年から急増し、二〇〇八年には三六二五人と、五倍以上になっている。弁護士以上の増え方なのである。その結果、当然、会計士事務所に就職できない会計士が大量に出現することになる（文庫版註：その後、合格者数は大幅に減少する）。

つまり、弁護士、公認会計士の世界でも、資格を取ったら安心というわけにはいかず、バトルロワイヤルが始まっているということになる。

コネ、引き、学閥の横行

さらに、専門職資格者供給過剰によるバトルロワイヤル状態は、コネや引きの横行を生み、それらが期待できない人の希望をますます削いでいる。大学の公募であっても、弁護士事務所の修習生採用、会計士事務所の新卒会計士採用でも、近年では、少数の募集に対して大幅に上回る応募者が集まる。ドクターや資格を持った若い人にそれほどの実力の差はないため、結局は親などのコネとか出身大学名などを基準に採用する状況が存在している。

競争が起きれば、実力を磨くために質が高まるというのはウソで、既得権があるところで競争が起きれば、逆に、親のコネや学閥などに選抜基準が移行して、かえって、コネを求める不毛な競争に移行する。これは、あらゆる専門職の領域で現実に起こっていることである。その実態は、あまりに生々しいのでここではとても書けない。

また、ある進学高校では、「親が歯医者さんでなければ、私立大学歯学部に進学してはいけない」との進路指導があったという。逆に言えば、親が歯科医院を開業していれば、その親もとで修業し、親の医院と顧客を引き継げれば、低収入歯科医にならなくてすむということになる。つまり、高学歴ワーキングプアになるか、ならないかは、親の力が相当影響してくるということになる。

壮年パラサイト予備軍となる高学歴ワーキングプア

高学歴ワーキングプアは、単純労働ワーキングプア以上に問題になりにくい。なぜなら、大学院等に行く高学歴者の親は収入が比較的高く、親の支援を受け続けることが可能だからである。そもそも、日本の高等教育は、公的支援が少ない。授業料は高く、奨学金の額も不十分である。そのため、大学院等に行く人は、親の経済的支援がないとなかなか生活していくことができない。特に、私立の法科大学院などは、特待生にでもならない限り、授業料が自力で払える人は少ない。

さらに、高学歴女性は、高学歴男性と出会う確率が高く、そのため、結婚して夫の収入に頼れる可能性がある。それこそ、章の始めの学校カウンセラーの例で述べたように、非正規の専門職は、収入が高い夫に支えられることができれば、収入が低くとも、残業がなく、プライドが保てる理想的な仕事になるのである。最近は、オーバードクターの男性研究者が安定収入の正規雇用者である妻（相対的に高学歴である）に支えられて生活しているケースも見かけるようになっている。

だからこそ、親や配偶者の支援がない高学歴ワーキングプアの生活の困難さが目立つのである。

同居にしろ、仕送りにしろ、高学歴ワーキングプアの裕福な親もいつまでも生きているわけではなく、また、多額の遺産を残しても、それだけで、子どもが平均寿命の八〇年を食いつなげるかどうかはわからない。前章で述べた、壮年ワーキングプアの将来の不安の問題は、彼らにもあてはまるのだ。

小手先の対策では行き詰まる

そして、これらの高学歴ワーキングプアが広がっていることが、メディアを賑わすにつれ、さまざまな対策や提言がなされるようになってきた。しかし、多くは、小手先の対策で、根本的な対策になっていないことが多い。

近年、オーバードクターの増加に対して、研究員と名がつく任期制の臨時的な職を作って就かせることが多くなっている。それも含めて、大学院卒就職率と言っていることが多い。しかし、それは、問題の先送りにすぎないことは明白である。パーマネントの職でなければ、非常勤講師より多少収入がよくても、任期終了後、また、不安定な状況に戻ってしまう。そもそも研究員と名のつくものの中には、無給に近い、まさに、ワーキングプアそのものの職もあるのだ。彼らの多くは、いつかは、正規の大学の先生になりたいと希望を持つ高学歴ワーキングプアである点では、オーバードクターとなんら変わりない。

また、オーバードクターを高校の教師などに転身させるという案が、理系オーバードクターを中心に唱えられている[4]（「中央公論」二〇〇九年二月号所収「〈若手科学者を格差が襲う〉亡びゆく日本の理工教育」竹内薫）。これも、高校の理科教師が不足しているならともかく、現に高校の理科教師を志望する教育学部卒、修士卒の人が数多くいて、なかなかなれないという現状があるのだ。オーバードクターが高校教師に採用されれば、本来の志望者から職を奪うことになり、別の高学歴ワーキングプアが出現するだけである。

「そもそも資格を取ったら全員その職に就けるという考え方自体がおかしい」という意見もある。だから、志望する職に就けなかったら一般企業など別の道を探すべきだというのは、理論的には正しい[5]。ただ、身近にいるものとしては、それを言うのはつらいのだ。その職に就きたくて時間とお金を投資してきた人たちである。その投資を無駄にして、一からやり直せと言うのは酷であり、納得しにくい。いままで自分がしてきたこと、つまりは自分のアイデンティティを否定されるからである。定職、すなわち、正規の大学教員、正規の司書、学芸員、開業歯科医、獣医になれる可能性がある以上、そちらに賭けたいという思いはわかる。それも、長期にわたって自分の専門を追究すれば年齢も上昇するから、他の職に転向する現実的な可能性も薄れ、心理的抵抗も高まるのである。だから、彼らは、「正規の専門職に就けなかったら」と想定することをしないのだ。

高学歴ワーキングプア対策の必要性

この高学歴ワーキングプアに対する公的な対策はないに等しい。いままでは、資格を持っていれば正規専門職の就職は容易で、それでなければ、彼らを養っている家族がいることが前提となっていたからだ。

そして、この分野ほど、「自己責任」が強調される領域はない。自分で選んでリスクを冒し、それになれないからといって文句を言うのはけしからんという意見が通用してしまうのである。

それゆえに、まず第一にすべきは、専門職従事者の数の適正管理であろう。医師に関しては、医学部定員という入り口が管理されているため、医師不足といわれ、診療科によっては長時間勤務を余儀なくされている人もいる。ある程度の資格取得者の人数管理は必要である。長期的に時間と投資が必要な高学歴専門職に関しては、せめて、予想される専門家需要の三割増しの定員、つまり、資格取得者の七割程度はなれるという状態に保つ必要がある。あまりに絞りすぎると競争がなくなり質が低下したり、医師のように長時間労働者が増えるという弊害がある。そして、将来なれないのなら、入り口段階で諦めさせて、別の道を目指すようにさせる方が、本人にとっても、社会にとっても有益だ。

そして、定員を多少絞ったとしても、将来も必ず存在し続ける非常勤専門職従事者の生活の安定化やキャリア管理の専門職ごとのモデルを示す必要がある。例えば、法科大学院修了生で、司法試験に受からなかった三〇代半ばの人間が、プライドを保ったままどのような仕事に就いていくかに関するモデルを社会で作っていかなければならないだろう。

・注――

1. 非常勤講師の厳しい生活状況は、当事者たちによってもレポートされている（水月昭道『高学歴ワーキングプア』二〇〇七）。
2. 『家族ペット』（山田二〇〇四b）のインタビュー結果参照。
3. 原因の一端は、文部科学省の大学院重点化政策、それに、乗った各大学にある。
4. 理系オーバードクターには同情が集まりやすく、解決策も模索されているが、人文系や芸術系にはなかなか注目が集まらず、解決策も提言されない。
5. これがなかなか実現しないのは、新卒一括採用システムの一つの問題点である。

四章　年金保険料を払う専業主婦——年金負担の不公平

専業主婦なのに年金保険料を払う

結婚後、専業主婦になった卒業生が、研究室に遊びにきた。彼女は「先生、ひどいと思いませんか、専業主婦の私のところに年金保険料を払えってきたんですよ」と愚痴をこぼされた。彼女の夫は有名企業に勤めるサラリーマンだったのを思い出して、「アルバイトでもして、金額が扶養の限度額を超えたのかい」と聞くと、そうではなかった。夫が会社を辞め、フリーランスとして独立したという。夫が厚生年金加入者から外れれば、その配偶者である彼女は、自動的に国民年金第一号被保険者となる。その結果、彼女に納入義務が生じたのだ。

「だって、専業主婦は収入がないという理由で、保険料を免除されているんでしょ。私、夫がサラリーマンからフリーランスに変わっても、無収入の専業主婦であることには変わりはないのに、保険料払えと言うのはおかしいでしょう」と彼女は言うから、「厚生労働省では、夫がフリーランスで妻が専業主婦という家族は、この日本には存在しないことになっているんだよ」と言うしかなかったが。

第三号被保険者問題

四章から六章までは、公的年金制度に空いた穴を考察していく。まず、年金の掛け金負担の問題から入っていこう。

公的年金制度のうち、国民年金は、加入者（被保険者）からみれば、次の三つに分かれている。

①第一号被保険者　②、③に当てはまらない人すべて
②第二号被保険者　企業の正社員や正規公務員として勤めるもの
③第三号被保険者　第二号被保険者の配偶者で一定の要件（所得が一定以下）を満たすもの

すべての二〇歳以上六〇歳未満の国民（日本在住の外国人も含む）は、学生であろうと、この三つのうちのどれかに分類される。そして、保険料の負担は、第一号は定額、第二号は所得比例、第三号は負担なしとなっている。

本章で問題にしたいのは、第三号被保険者である。これは、第二号被保険者の配偶者で所得が一定以下のものと規定されているだけで、「専業主婦」とはどこにも書いていない。もちろん、男性でもよい。ちなみに、二〇〇六年末時点で、女性の第三号被保険者は、約一〇六九万人、男性の第三号被保険者は、約一〇万人いる（女性は減少傾向にあり、男性は増加傾向にある。文庫版註：二〇〇九年で女性一〇一〇万人、男性一一万人）。本稿では、圧倒的に数が多い女性を例にとって論じる。

この規定は、年金制度が改正された一九八六年に、年金保険料支払い能力がない専業主婦を救済するという名目で作られた。第二号被保険者の妻でいる限り、夫が保険料を拠出している間、年金保険料を納付しているものとみなされ、六五歳になれば、基礎年金が支給される。

この制度は、できた当時から、評判が悪かった。いくつか理由がある。

一つは、専業主婦の保険料を加入者全体で負担するわけであって、フルタイムの共働き夫婦や独身者が、専業主婦の保険料の一部を共に負担するのはおかしいという議論である。確かに、妻がいなくても、共働きで妻が自分の年金保険料を払っていても、収入が同じであれば男性が支払う年金保険料は同額である。特に矛盾する例をあげよう。妻が自営や非正規社員で一定以上の金額を稼ぎ、夫の扶養家族を離れると国民年金の被保険者となる。だが、妻が年金保険料を自分で払っても、専業主婦で払わなくても、基礎年金の受給権は同じであるが、夫の保険料には変化がない。つまり、夫が正社員（もしくは公務員）である専業主婦は、この制度で得をする仕組みになっている。

もう一つ、評判が悪い理由は、妻の収入が一定額を超えると保険料負担が生じるので、妻は自分の収入を押さえようとする。その結果、女性の労働市場への参加が抑制され、労働供給に支障が生じるというものである。

第三号被保険者の「損得」にかかわる不公平の問題点、労働政策的な波及効果などは、制度発足当時から指摘されており、年金制度改正の度に、問題視されてきた。現在のところは、多少の不公平はあっても許容範囲内であり、労働供給抑制効果があっても限定的で、収入のない専業主婦に負担を求めても無理ということで、第三号被保険者制度が存続している。

私は、第三号被保険者のもっとも重要な矛盾は、別のところにあると考える。それは、制度の趣旨と、実態がかけ離れてしまったことにある。

第三号被保険者は専業主婦とイコールではない

第三号被保険者と専業主婦はイコールではない。年金制度を論じるものは、この点にもっと注意を向けるべきである。

専業主婦は、主に家事・育児を担当し、収入のある労働にかかわらない妻を指す。夫の収入に頼って生活している存在である。収入はないが、家事・育児という社会的に有用な「再生産労働」に携わっている。これが一般的定義であろう。

第三号被保険者は、第二号被保険者の配偶者で本人の年収が一定以下（約一三〇万円）のものである。第二号被保険者（大多数は男性）は、企業の正社員か公務員である。すると、第三号被保険者と専業主婦には明らかなずれがある。専業主婦であって、第三号被保険者でない人々が存在している。

それは、卒業生の例のようにフリーランスの妻だったり、開業医の妻など、自由業者の妻がまず思い浮かぶ。中には、農家や商店主など自営業主の妻であっても、農作業など家業には携わらず、家事や育児に専念している主婦もいるだろう。夫が第一号被保険者であっても、夫の収入があるのだから、夫の収入の中から支払えばよいという理屈も成り立つ。もちろん、それでも、サラリーマンなら妻分の保険料を払わなくてよいのに、フリーランスなら妻の分まで保険料を払うという「不公平」は残るが。

放置される非正規社員の妻

それ以上に問題なのは、非正規雇用男性の妻である。夫は、勤務しているが、正社員ではないケースである。勤務先の厚生年金や共済年金に加入できず、第一号の被保険者である場合である。契約社員や派遣社員（登録型）の場合もあるだろうし、フリーター、さらには、請負として働いているかもしれない。その場合は、妻が専業主婦でも、妻も第一号被保険者となって、夫と合わせて二人分の国民年金保険料を納めなければならない。

多くの場合、正規雇用者（公務員も含む、以下同じ）より非正規雇用の男性の方が収入は低い。三〇代前半なら、正社員男性の平均給与は二九一・一万円、非正規社員は二二四・〇万円、四〇代前半なら三九八・七円と二四〇・三円である（平成一七年厚生労働省賃金構造基本統計調査）。

正社員―専業主婦の家庭より、非正規社員―専業主婦の家庭の方が生活が苦しいに決まっている。非正規社員家庭は、それに追い打ちをかけるように、無職の妻への年金保険料の納付義務がかかってくるのだ。それは、少ない夫の収入から支払うしかない（免除制度もあるが、第三号の場合と異なり、追納しなければ年金額が減額される）。

本来、第三号被保険者制度は、「収入がない主婦に年金を払えというのは酷」という趣旨で始まったはずだ。しかし、収入が相対的に多い正社員（公務員）男性の妻は納付なしで年金がもらえるのに、収入が少なく不安定な非正規社員男性の妻に納付義務が生じる。夫が第二号被保険者でないと、収入がない主婦も「酷」な保険料を納付しなければならない。

つまり、この第三号被保険者制度は、「専業主婦優遇」というのはウソで、形を変えた男性正社員優遇制度なのだ。非正規社員男性なら自分の収入から払うべき妻の保険料を、正社員は払わずに済んでいることになる。

よく、育児という再生産労働に専念している主婦に社会的に報いるためという理由付けがなされるが、これもまったくおかしな話である。なぜなら、正社員の妻なら子どもがいなくても保険料納付しなくてもよくなり（もちろん将来の年金額は減額されない）、非正規社員の妻なら子育てに専念していても納める義務があるからだ（免除申請すれば減額される）。

年金制度が想定する家族形態

なぜ、このようなことになったのか。それは、冒頭に述べたように、「非正社員―専業主婦」という存在は、年金制度設計者の念頭にまったくなかったからだ。

年金は、長生きするリスク、つまり、収入を得られなくなった後も長生きして生活ができなくなるリスクを避けるために構築されたものである。

戦後、年金制度が何回も改正され、いくつかの統合もなされたが、その制度が想定する現役世代の家族形態は、次の二種類しかない。

①夫が正社員（公務員も含む）の家族

夫が正社員として学校を卒業後、定年まで勤務する。妻は、共働きでもよいし、パートでもよいし、専業主婦でもよい。定年退職後は、夫婦で年金で生活する。

②自営業（農家や小規模自営業）の家族

親から家業を継いで、夫は自営業主として、妻は家族従業者として一緒に家業（農作業や店番、経理など）を行う。定年はなく、高齢になったら、徐々に息子夫婦に家業を譲って、扶養されたり、時には家業を手伝いながら生活する。

日本の家族は、この二つのカテゴリーにほぼ収まることを前提に年金制度が構築されたのだ（七章でも考察する）。

この中で、現役時代に収入を得る仕事に就いていないのは、正社員の妻である専業主婦だけである。それゆえ、負担能力なしとして、正社員の妻を第三号被保険者として取り分けたのである。

年金制度が機能する前提条件

問題は、日本の現役世代の家族が①②のカテゴリーに収まるという想定である。この想定には、たくさんの前提条件が存在する。列挙すれば、「すべての人が結婚できる」、「離婚しない」などの家族的条件、「男性は望めば正社員として定年まで勤務できる」「自営業は世代を超えて永続する」などの経済的条件である。

そして、それらの条件は、年金だけでなく、他の社会保障制度、社会福祉制度の前提になっている。

これらの前提は、戦後の高度成長期から一九八〇年頃までは、おおむね妥当であると思ってよかった。しかし、これらの前提は、社会経済システムの変化によって、一九八〇年代から崩れ始め、一九九〇年代後半に崩れていることがはっきりしたのは、一章で見てきたとおりである。もちろん、社会の変化によって、年金制度は微修正されている。例えば、増大する離婚に対して、年金分割制度が導入された。それでも、想定されているのは、夫が定年間際の正社員で、妻が専業主婦の夫婦が一回離婚した場合だけであり、若年のときに離婚したり、再婚し、また離婚した場合は想定されていないのである。

第一号被保険者の被雇用者、そして、第一号被保険者「主婦」の増大

一九九〇年代後半から日本で始まる経済の構造転換によって、夫が正社員（公務員）でない主婦が増えている。ライシュらがニューエコノミーと呼ぶ新しい経済システムは、雇用の二極化、および、雇用の流動化をもたらす。フリーランスや起業によって新しい形の職種を生み出す一方、男性であっても、望んでも正社員になれず、非正規雇用に就かざるをえなかったり、定年まで正社員でいられるかどうかがわからない時代になった。

すると、夫が正社員でない専業主婦（無職、もしくは、低収入の妻）が数多く出現することになる。その結果、夫が第一号被保険者となり、その妻である第一号被保険者「主婦」が増えるのだ。そのうち、夫が医者や経営者など高額所得の自由業なら、夫の

収入から二人分の国民年金保険料を納めても、生活が苦しくなることはないだろう。しかし、夫が低収入の非正規雇用者であれば、妻が無収入であっても、乏しい夫の収入から、二人分の保険料を納めなくてはならないのだ。

二章で述べたように、非正規雇用の若者の多くは親と同居して、結婚しないことで貧困に陥ることを防いでいる。しかし、結婚している人たちが、経済の構造転換の影響を受けないわけではない。一章にも述べたように、低収入の夫に扶養されている主婦の出現には、おおむね二つの経路がある。一つは、正社員の主婦であったものが、夫が失業などによって定職を失い、非正規の職しか見つからなかった場合である。そして、もう一つは、いわゆるできちゃった結婚、つまり、妊娠が原因で結婚生活を始める夫婦である。できちゃった婚（妊娠が先行する結婚）には、さまざまなケースがあるが、そうでない結婚に比べ、夫の年齢や収入が相対的に低いことが調査によってわかっている[1]。つきあっているカップルの男性の収入が安定していれば結婚して、その後に出産して子どもを育てるという順をたどるものが、結婚する経済基盤が整う前に、妊娠がわかり、収入が低く不安定な夫と結婚し、そして、経済的に厳しい中で子どもを育てなければならない夫婦が増えている。

つまり、「想定外」で、「非正規雇用の夫―主婦の妻」という組み合わせで生活する家族が増えているのだ。

ワーキングプア男性の妻をサポートする制度が存在しない

そして、夫が低収入の非正規雇用で働いている家族をサポートする制度が存在していないどころか、年金保険料負担に見られるように、逆に無収入の主婦から月一万数千円の保険料を徴収するという不公平の極みのような制度になっているのだ。世帯所得が低い場合は、国民年金の納付が免除されるが、追納しなければ将来の年金額は減額される。そして、追納には高い利子がつく。正社員の妻の場合は、一円も納入しなくても基礎年金が原則満額もらえるのだ。

夫の収入が不安定で少なければ妻が働けばよいと思う人もいるが、それにも限界がある。子どもが小さい場合、正社員で働きに出るのも容易でないし、子育て中の女性の再就職は厳しい。だいたい、主婦の子育てに報いるためにできたはずの第三号被保険者制度の恩恵をまったく受けないのはおかしい。

これは、健康保険にもあてはまる問題である。夫が正規雇用者で健康保険組合等の被保険者の妻なら、一円の負担増もなく同時に被保険者になれる（妻の収入が一定以下の場合)。一方、非正規社員の妻は所得がまったくなくても、国民健康保険の保険料を負担しなくてはならない。こちらは、年金掛け金のように定額ではなく、年度ごとに世帯所得によって保険料が異なるので、年金ほど不公平感はないが、それでも、不公平な制度である。

離婚の増大

安定した収入を稼ぐ正社員（公務員）男性の妻は優遇されるが、不安定で低収入の非正規雇用者男性の妻には優遇措置はまったくない。これは、ただでさえ苦しい非正規雇用者一家の家計に年金負担という重荷を負わせ、それに耐えられず納めなければ、年金納付率が低下することになるし、本人の老後の生活が成り立たなくなる。

それだけではなく、不安定で低収入の男性に扶養される家族は、さまざまな社会問題の温床にもなる。

一つは、離婚の増大である。私は離婚経験者のインタビュー調査の中で、夫のリストラや事業失敗が原因で離婚したという話を何回も聞いた。つまり、夫に安定した収入がなくなれば、結婚していてもメリットがないということである。特に、子どもを持った無職の専業主婦の場合、低収入の夫と結婚していても経済的メリットはない。親が容認すれば実家に帰る方が経済的にいい生活ができるし、離婚して母子家庭になれば生活保護が受けやすい。もちろん、夫の失業や非正規社員としての就業が一時的なものであって、短期間で正社員へ復帰することが確実ならば、待つこともできよう。しかし、夫の失業状態、もしくは、非正規社員状態が長期化した、もしくはしそうな場合は、一緒に経済生活を送る方が苦しくなるのだ。

ここでは、離婚が悪いこととか問題だと言っているわけではなく、離婚した方がましという生活状況に追い込まれ、それを防ぐ制度が存在しないことを問題にしたいのだ。

子育て家庭に普遍的なサポートを

現行の年金制度の欠陥として、まず、年金の第三号被保険者制度を取り上げた。年金制度の本質的な欠陥は、第三号被保険者制度の隠れた前提となっている正社員中心主義と、年金掛け金の徴収方法が世帯によって異なっていることである。

第三号被保険者制度が、子育てをしている無収入の専業主婦に報いるというのが趣旨であるにもかかわらず、非正規社員に扶養されている子育て中の専業主婦は報われないという制度の趣旨から外れた事態が生じている。

少なくとも、年金保険料徴収における世帯主義、正社員中心主義をやめ、子育て中の主婦（主夫でもよい）に対する普遍的なサポートが必要である。つまり、小さい子どもを育てている場合は、夫が正社員、公務員、自営業、非正規雇用、無職などにかかわらず、全員年金の保険料を免除するなどに制度を変更することはすぐできることである。それ以上に、年金保険料の徴収方法が世帯ごとに異なっていること自体を見直す必要がある。

・注――

1．妊娠が先行する結婚（いわゆる「できちゃった婚」）は、二五歳未満の女子の出産のほぼ二分の一近くになっている。また、本人の学歴や夫の学歴、年収共に、結婚後妊娠したグループに比べれば低くなっている（山田「『妊娠先行型結婚』の周辺」二〇〇五）。

五章　遺族年金を利用して一生楽に暮らす方法
――遺族年金の矛盾

遺族年金で一生暮らす

年金制度を説明するとき、学生に対し、次のような冗談を言ったことがある。

「女性限定の将来設計プランがあります。三〇歳過ぎて結婚相手が見つからなかったら、六〇歳以上の不健康な高齢男性と結婚して、扶養家族になりなさい。ただし、その男性は、死別者でも未婚者でもいいけど、厚生年金か共済年金の受給者に限ります。数年、結婚生活を我慢し、夫が亡くなったときに、自動的に遺族年金の受給者になります。そうすれば、あなたは、一生、死ぬまで、年金をもらい続けることになります。これは、再婚しない限りもらうことができます。受給者になった後に、あなたが働いて収入があってもかまいません。三三歳のときに夫が亡くなったら、平均寿命八八歳として、五五年間遺族年金をもらい続けることができます。遺族厚生年金が月二〇万円だとすると、年二四〇万円、つまり、生涯一億三〇〇〇万円もらうことができます。物価スライドだから、目減りすることはありません。遊んで暮らすことができるよ」と。

そうしたら、ある女子学生から、「もし結婚した夫が一〇〇歳まで長生きしたらどうするんですか。そのとき、私六〇歳になってるかもしれない」と聞かれたから、「そのときは、運が悪かったと思って諦めるんだね」と言っておいた。

こんな話、現実にはありえないと思うだろう。しかし、「現実は小説よりも奇なり」。私は、ある公的機関の一委員として、次のようなケースに出会った（個人情報にかかわるので、ぼかして書く）。ある発展途上国出身の外国人女性が二〇歳以上年上の日本人男性と結婚して三児をもうけて育てていた。斡旋業者を通した結婚であった。約一〇年の結婚生活の後、彼女が四〇歳ぐらいのときに、夫は六〇代前半で亡くなった。男性は、初婚で正社員だったため、相当の遺族厚生年金が支給された。さらに、未成年の子どもがいるので、支給額が上乗せされ、年三〇〇万円を超す額となった。彼女は財産を処分して、自分の出身国に子どもを連れて帰り、豪邸を建て、当該国の平均年収の一〇倍にもなる年金を日本から毎年送金してもらい、優雅に暮らしている。年三〇〇万円に上るお金が、彼女が亡くなるまで、日本から送金され続けることになる（子どもが成人すれば上乗せ分が減額されるが）。

この制度を放置すれば、高額の厚生年金を受給している高齢独身男性（死別も含むので相当な人数がいる）に対し、介護という名目で、発展途上国から三〇歳前後の女性を送り、結婚届を出して扶養家族とさせて、亡くなったら一生遺族年金で暮らすことを看板に掲げた結婚斡旋業者が現れる可能性もなきにしもあらず。[1] 少なくとも、現在のところ、法律的にこれを止める手段はない。

遺族年金の男女差別条項

遺族年金制度は、男女差別が残る数少ない公的制度である。これが女性差別反対論者から問題にされないのは、この制度が女性に有利だからである。

夫が正社員、妻が専業主婦の夫婦で、先に夫が亡くなった場合、妻に遺族厚生年金が支給される。退職後に、年金受給者である夫が亡くなり、残された妻に支給されるのが一般的である。性別が逆、つまり、夫が専業主夫、妻が正社員の場合でも支給されるが、その場合、妻の死亡時に夫が五五歳以上になっていないと支給されない（支給は六〇歳から）。

二〇〇五年の改正で、妻が三〇歳未満で子どもがいない場合、遺族厚生年金は五年間しか受給できないことになった。つまり、二〇〇五年以前は、妻が一六歳でも「死ぬまで」夫の遺族厚生年金を受給することができたし、いまでも、夫が死亡したときに三〇歳になっていれば、子どもがいなくても一生受給できるのだ。

遺族年金は、その受給資格や金額が複雑である。男女で扱いが異なるし、被保険者が第一号の場合と、第二号の場合では、制度が異なる。ちなみに、夫が国民年金の第一号被保険者の場合、夫が亡くなっても原則として妻には遺族年金の受給権は生じない（例外は一八歳未満の子どもがいる場合）。妻も第一号被保険者であり、妻自身の年金をもらっているはずだからである。また、遺族年金が支給されるのは、戸籍上の配偶者（つまり妻）とは限らない。その意味で遺産とは意味が異なる。現に、亡くなった男性に扶養されていた女性、および、扶養されていた子どもである。妻が離婚に合意せず、夫が別の女性と事実上結婚生活を送って彼女を扶養していた場合、遺産は戸籍上の妻に行く（遺言がない場合）が、遺族年金受給権は亡くなった当時、夫に扶養されていた女性が得る。妻にも仕送りしていたケース、女性と暮らしている期間が短いケースなど、判断に困る場合は、最終的に裁判所が決することになる。

男性に経済的に扶養されていた女性は、男性死亡後は国によって扶養される

以上のように、夫が亡くなったとき、彼に経済的に扶養されていた女性がいれば、国(正確に言えば社会保険だが)が夫代わりとなって、一生養ってくれる。しかし、妻が亡くなっても、妻に経済的に扶養されていた五五歳未満の男性には何の支給もない。制度の趣旨としては、女性は経済的に夫に扶養される以外に生活する道はないため、夫が亡くなれば、収入がなくなる。特にサラリーマンの妻は、自営業に従事する女性と違って、収入を得る仕事をしていない。それゆえ、夫が生きていたときと同じ程度の生活を保障しようというものである。だから、遺族厚生年金は一律ではなく、夫の年金額に比例する。高収入の年金を受給していた夫の妻は高額の遺族厚生年金を、低収入の夫の妻は遺族厚生年金も低額なのである。

だから、働くことが可能な五五歳未満の男性は、たとえ彼が家事専業の主夫で妻に扶養されていても、妻が亡くなった場合、六〇歳までは自分で働いて生計を立てることが当然と見なされる。女性でも、再婚すれば、その男性に養ってもらうことが期待できるから、遺族年金は打ち切られる。先に述べたように、二〇〇五年の改正前までは、女性

は、結婚していれば一六歳でも夫の遺族厚生年金が一生受給できた。しかし、改正後は、三〇歳未満で子どもがいない場合は、遺族年金を受給できるのは、五年間に制限された。つまり、三〇歳未満の女性は、自分で働くことで収入を得たり、再婚して再度扶養されることが期待できるから、五年以内になんとかしろ、しかし、三〇歳を過ぎたら、再就職や再婚が期待できないから、国が一生面倒を見るという趣旨なのである。

女性が経済的に自立できないことを前提とした制度

確かに、経済の高度成長期は、経済領域で女性差別があり、女性は雇用や収入の面でさまざまな差別を受けてきた。多くの企業では、結婚退職が原則であり、退職しなくても給料の伸びは抑えられていた。また、保育所など共働き環境が整っていなかった。いったん仕事を辞めれば、子育て後に再就職しようにも、低賃金のパートくらいしか職はなかった。つまり、人並みの生活をするには、結婚して夫の収入に依存せざるをえなかったのだ。

現に、基礎年金制度ができるまでは、サラリーマンの妻である女性は自分名義の年金が持てなかった。だから、サラリーマンの夫が退職後は、夫の現役時代と同じく、夫の年金で生活するしかなかった。すると、夫が亡くなると収入源がなくなってしまう。そこで、夫の年金を引き継ぐ遺族年金が必要だったのである。たとえ、夫が現役であっても、サラリーマンの妻は夫が亡くなれば、収入が途絶える。そのため、女性が何歳であっても、手厚い遺族厚生年金が支給されるという制度なのだ。

一方、自営業なら、農地や店など生産手段があるから、妻が若ければ、農作業や店を切り盛りしてなんとか収入を得、人並みの生活ができるとみなされた。だから、国民年金加入者の遺族年金はなかったり、子どもがいても低額だったのである。

これも、前章九四ページに述べたように、すべての家族が、サラリーマン—専業主婦か、生産手段を持つ自営業に分類されるという前提、そして、女性は自分では十分な収入を稼ぐことができない経済環境にあるという前提に基づく制度だったのである。

女性の経済的立場の多様化

では、いま生じていることは何か。それは、経済・社会の構造変動により、二つの方向で、この制度が想定しないカテゴリーの女性が増大していることである。それは、①正社員の妻で夫から扶養されずに経済的に自立している女性の増大、そして、②正社員の妻ではなくて経済的に自立できない女性の増大である。
その結果、遺族年金は、夫が死亡した時点で、男性正社員の専業主婦だった女性に著しく有利な制度になってしまった。[2]
まず、フルタイムで共働きの夫婦で、退職後、自分の厚生年金（プラス基礎年金）を受給している場合を考えよう。夫が亡くなったとき、二つのケースが考えられる。一つは、夫の遺族年金が妻の厚生年金より多い場合、もう一つは、妻の厚生年金が夫の遺族年金より多い場合である。年金は併給できないため、前者の場合は、妻の厚生年金を放棄して夫の遺族年金で暮らす方が有利である。すると、妻がいままで払った厚生年金保険料はまったくの無駄になる（基礎年金さえも負担しない専業主婦と同額となる）。後者の場合は、夫の遺族年金分が放棄されるが、いきなり収入が約半分になってしまう（夫の遺族年金分が無駄になるともいえる）。
一方、夫に扶養されており、経済的自立ができないのに、遺族年金が受給できない人もいる。高齢で夫に離別された場合は、二〇〇七年より年金分割制度ができ、一定の割合の厚生年金を分割して受給できるようになった（最高で半分まで）。しかし、それでも、夫が亡くなった場合に比べて、相当の減額である。それ以上に、夫が自由業（開業医やフリーライターなど）や非正規雇用者といった厚生年金受給権を持たない人であれば、離婚による年金分割は関係ない。四章で述べたように、正社員の妻（これは、厚生年金受給権者を示している）以外で、低収入、無収入で夫に扶養されている女性が相当数出てきている。その女性の夫が亡くなったとき（もしくは離婚したとき）、六五歳未満であれば、一八歳未満の子どもがいない限り、単に放り出されるし、六五歳以上であれば基礎年金しか受け取れない。人並みの生活ができなくなる状況に放置される人々が出てくる。それも、夫が正社員ではなかったという理由においてなのである。

夫死亡時に非正規社員の妻の保障がない

まとめてみよう。遺族厚生年金制度の前提は、「正社員の妻＝経済的に自立できない」というものである。しかし、現在、その制度の前提からはずれ、「正社員の妻ではなくても、経済的に自立するのが難しい女性」が増えている。まず、夫が正社員以外の人、非正規社員、自営業などで、妻が主婦（自立して生活できない）という家族形態の場合、夫が亡くなっても、彼女の生活をサポートする公的制度は存在しない。自営業であっても、夫が死亡後妻がそれを引き継いで事業を継続できるとは限らない。

遺族年金を廃止し、年金制度を作り直す

遺族年金は、夫が正社員で、生涯専業主婦（パート主婦も含む）であった妻に著しく有利な制度である。家族や雇用状況が多様化した現在、遺族年金は廃止すべき時期にきている。遺族年金制度を無理に残そうとすると、何が公平で、何が不公平かを議論すること自体混乱する。

非正規社員の妻だった人でも夫が亡くなったときに生活に困らないように、高齢になったらすべて本人の年金で生活できるように、年金制度を作り直す必要がある。その際に、専業主婦や専業主夫の時期があったことが不利にならないように制度を整えることも大事なことである。この点も第Ⅱ部で提言するつもりである。

・注

1．台湾では、高齢男性や障害者男性と外国人女性の結婚が近年急増している。これも、結婚を名目に介護者を家庭内に受け入れている家族が増えているからだとも言われてい

る。

2．遺族年金において、「専業主婦はあまりにも優遇されすぎている」と年金問題の第一人者の高山憲之一橋大学大学院教授は述べるが、正確に言えば、「正社員」の専業主婦優遇なのである。そして、このことは、あらゆる有識者の意見が一致しているのにもかかわらず、手がつけられないのはおかしいとも述べている（高山憲之『信頼と安心の年金改革』二〇〇四）。

六章　孫の年金保険料を払う年金受給者——国民年金の矛盾

孫の年金保険料を代わりに払う祖父母

国民年金の徴収率低下が止まらない。二〇〇七年度末の時点で、国民年金の第一号被保険者二〇三五万人の中で、学生や低所得などで全額免除、および猶予者は五一八万人（二五・五％）。一方、未納者、未加入者は三一七万人（免除を除いた金額ベースの未納率三六・一％）。すると、第一号被保険者該当者のうち、四割以上が保険料を払っていないことになる。国民年金制度は、二〇歳以上のすべての人に加入義務がある。事業所が徴収する第二号被保険者、納付不要の第三号被保険者を除いた第一号被保険者（これを狭い意味での国民年金と呼んでおく）は、自主的に納付する必要がある。納付漏れを防ぐために、未納の年金保険料を徴収して歩く職業に就く人が必要になっている（文庫版註：二〇一一年、納付率はさらに低下して五八・六％となった）。

各地の年金徴収推進員が、いまはない社会保険庁監修の『ねんきん』という雑誌に日記を寄稿していた。私は、それを愛読していたのだが、そこに面白い記述を見つけた。失業していたり非正規雇用の若者に未納者が多いのだが、多くの年金徴収人は、本人ではなく、その「親」にねらいをつけることを勧めている。日本の低収入の若者の大多数は親と同居している。本人が払わないのなら、親に、「もし、お子さんが年金を払わないままだと、交通事故などで障害になったとき、障害年金が出ませんよ」と言うと、親は、子どもかわいさに、未納分の年金保険料を代わりに払うことがよくあるという。極めつきは、年金を受給している高齢者が、未納の孫の保険料を代わりに払ってあげようとしたというケースが紹介されていた。そして、その日記は、「親や祖父母が子どもや孫を思う気持ちは変わらないなと思いました」と結ばれている。[1]

もちろん、年金保険料を徴収する立場としては、誰に払ってもらってもかまわないのだが、年金を受け取っている祖父母が低収入の成人した孫の年金保険料を払うというのは、どうみても制度の矛盾である。年金制度は、「現役世代から高齢世代への助け合い」などといわれるが、このケースでは、どちらを助けるべきなのだろう。[2] 年金統計には、納付率は出ていても、誰が払っているかという統計はないので、このようなケースはどの程度存在しているかはわからないが。

自営業を前提とした国民年金

四章（九四ページ）で述べたように、（狭い意味での）国民年金は、先祖代々家業として営まれる自営業に従事する人を前提に作られた。

その特徴は、納める保険料は所得にかかわらず定額（二〇一二年現在、月一万四九八〇円）、そして、基礎年金となる受給額も、給付期間が同じなら原則一定であることである。その受給額は、満額でも生活保護額より低い水準にある。受給にかかわる問題は、七章に譲るとして、ここでは、保険料納付の問題を取り上げよう。

正社員が加入する厚生年金や公務員が加入する共済年金は、掛け金は年収に比例している。もちろん、受給額も年収に比例する。一方、国民年金は、高収入の開業医であっても二〇歳の学生であっても納付額は一定である。学生や失業者などのケースを考慮して、低所得者には納付の免除や猶予制度があるが、四章で述べたように、免除期間があっても追納しなければ、その期間分だけ年金額が減らされてしまう。

年金保険料が一定になったのは、農家などの一家総出で働く自営業をモデルにしたからである。まず、小規模自営業は、どこまでが経費でどこまでが自家消費分かわかりにくいので、全体の所得額が確定しにくい。たとえ、所得額が確定しても、一家総出で働いていれば、誰にどれだけの所得が帰属するか決定することは難しい。

例えば、中年夫婦と高齢の親夫婦、学校を卒業したばかりの息子で農家をやっていたとしよう。農作業には夫と親夫婦を中心に家族全員でかかわり、一〇〇〇万円の所得を得、さらに、農作業や家事の合間に妻はパートで、息子は一時的バイトで一〇〇万円ずつ稼いだとしよう（厚生年金に加入しない程度の金額）。もしも、個人所得に比例して、年金掛け金を徴収し、それが受け取り年金に反映されるなら、誰にどのように金額を割り振ったらいいのか困ってしまう。そこで、家業にかかわるすべての家族が、一人あたり同じ金額の保険料を納付し、将来同じ額の年金をもらうことにすれば、公平であり合理的であろうというのが、定額拠出、定額給付の趣旨である。

国民健康保険のように、単年度決算なら、ある年度の世帯収入に比例した額を徴収すればよいが、年金受給権は将来の個人に帰属するから話はややこしい。そのため、自営業主も、家業従事者の妻や二〇歳になった学生も同じ金額を納付することにしたのである。

国民年金システムの崩壊

結局、「国民年金」は、いま崩壊途上にある。それは、二つの理由によっている。一つは、非正規雇用者とその家族が国民年金に流れ込んできたこと、もう一つは、家業としての自営業の変化と衰退である。つまり、国民年金は、非正規雇用の収入のみで生活している家族は存在しない、そして、家業としての自営業は安定して存続するという前提に立って作られた制度である。その前提が崩れ、国民年金保険料の「定額制」の矛盾が噴出したのである（本章では、保険料から見た国民年金制度の矛盾を考察し、次章で年金額から見た矛盾を考察する）。

年金制度を改革して、国民皆保険にしたときに、サラリーマン以外のすべての人をこの制度に無理に押し込んだため問題が生じてきたのだ。当時は、景気がよく、正社員になりたい人はなれた時代であった。つまり、年金制度でいう第二号被保険者になろうと思えばなれたので、このような問題が起きることを予測できなかったのだろう。二〇歳以上といえば、学生以外は正社員（公務員を含む）か正社員の主婦、もしくは、自営業主かその家族従業者（妻や息子、嫁など）と思われていた。もちろん、開業医や弁護士のようにフリーで活躍する自由業者もいたが、それは、比較的高収入で、好き好んで自由業を選んだと見なされたから、制度設計の前提にしなかった。そもそも、高収入の自由業者にとって、一定額の年金保険料は、収入に比べれば圧倒的に低額である。

そこで、学生や一時的な失業者には、年金保険料の免除、猶予制度が設けられ、「追納」できるようにした。いまは払えないけれど、数年のうちに、定職、つまりは正社員（公務員）に就いたときにまとめて払うという制度である。免除期間は保険料納付期間に算入されるが、金額には反映されない。だから、払わなかった分を追納すれば基礎年金が満額もらえるようになるという趣旨である。

ちなみに二〇歳を過ぎているゼミの大学生に聞いてみたら、冒頭の例のように①親が払ってくれている、②自分のバイト代から払っている、③免除を申請している、にほぼ三分された。一人だけ、アルバイト時間が多く、バイト先の厚生年金に加入しているという勤労学生がいた。親が比較的裕福でバイトも小遣い稼ぎ、将来正社員に就く見込みが高い大学生なら、制度の枠の中に一応収まるのである。

年金保険料が払えないワーキングプアの増大

しかし、学校卒業後、正社員に必ず就けるという前提が崩れだした。一九九〇年代を通じて、フリーターなど若年の非正規雇用者が増大する。非正規雇用でも、同一企業で一定以上の時間働けば、その企業の厚生年金に加入することになっている。しかし、短時間勤務だったり、複数のアルバイト先を掛け持ちしたり、職を転々としたり、経費節約のため企業が年金加入を不法にしなかったり、就労形態が請負だったりした場合、第一号被保険者、つまり、国民年金の保険料の納付義務者になる。以前なら、そのような非正規の短時間勤務者は、主婦のパートが主な担い手であった。彼女たちは、正社員や公務員の夫の妻として第三号被保険者であり、そのことを前提にした制度だったのである。しかし、非正規雇用者（正社員や公務員の配偶者以外）は、一人暮らしであろうが、未婚で親と同居していようが、結婚して専業主婦の妻がいようが、そして、年収がゼロであろうが、一〇〇万円であろうが、三〇〇万円であろうが、同じ第一号被保険者として、国民年金制度に放り込まれたのである。つまり、雑多な家族的背景を持ち、収入額も異なった若者が、一定額払うことになったのである。そこに、失業し、なかなか正社員としての再就職ができない壮年層も加わる。

彼らは、年金に関して、さまざまな経路をたどって、第一号被保険者になっている。高卒後、一度も正社員にならずに二〇歳を迎え、そのまま手続きをせず未納者になった人もいる。また、二〇歳時に学生で、未納、免除のまま正社員として就職できずに、非正規雇用者になった人もいる。つまり、一度も年金制度に組み込まれなかった若者も増えている。正社員の職に就いたが、退職し、非正規雇用者になった人もおり、「自分で」国民年金加入の手続きをしなければ、自動的に未納者となる。退職した会社が手続きをしてくれるわけではない。これも、正社員から正社員（公務員）と隙間なく転職すれば、新しい勤務先が手続きしてくれるが、退職しっぱなしだと、未納者になってしまうのだ。

ワーキングプアの若者が年金保険料を払えるか

私が、二〇〇一―二〇〇二年に、フリーターなど非正規雇用者へのインタビュー調査を行っていたとき、年金保険料未納が国会等で問題にされていたので、保険料納付について聞いてみた。きちんと納付している人も多かったし、章の始めの例に示したように、親に代わりに納付してもらっている人もいた。パラサイト・シングル、つまり親と同居している未婚者であれば、自分で払っても基本的生活を依存していれば、親が払っているのも同然かもしれない。問題は、一人暮らしなど自立して生活しているフリーターである。

ある一人暮らしフリーター（三〇代前半男性―調査当時）にインタビュー調査したとき、保険料を納付していないというので、老後が心配ではないですかと聞いたら、「五年後の生活がどうなっているのかわからないのに、五〇年後の生活の心配なんてできますか」と言い返されてしまった。同じく別のフリーター（三〇代半ば男性―調査当時）に、「どうせ、ろくなもの食っていないから六〇前に死ぬに決まってる、だから払わない」と言われたこともある（あるフリーターの女性は、「親が払っているかもしれないが、どうせ結婚すればいいんでしょ」と答えていたが）。

ワーキングプアの若者は、いま、目の前の生活に困っている。いくら有利だからといっても、目の前の生活を犠牲にして、五〇年後のことを考えろと言っても無理なのである。逆に、いままで年金保険料未納問題が起きなかったのは、国民年金加入者の多くは自営業を営んでおり、収入が安定していて、安心して将来の生活を設計できたからなのだ。

しかし、近年、家業として自営業を営む人々の中でも、自営ワーキングプアと呼んでもよいような人々が出現している。もう農家にしろ、商店にしろ、その多くが安定的に経営できる状況ではない。兼業化しようにも、正規の職に就けない人も多い。そのような中で国民年金納付が後回しにされるのである。

生活に必要なものが優先される

よく、年金保険料未納について考えるときに、月々わずか一万数千円の保険料がなぜ払えないのかと、「払えるのに払わない」人々がいると問題視された。もちろん、支払わなければならないお金が国民年金保険料だけならば、年収二〇〇万円でも払えるだろう。しかし、生活するのにはお金がかかる。特に一人暮らしだと、住居費、光熱費、水道代など生きていくのに必要なものは欠かせない。また、ワーキングプアにとって、携帯電話は生活や仕事に欠かせないので、これにもお金がかかる。病気が心配だから、健康保険料は納付する。しかし、数十年後の生活のための年金保険料は一番後回しにされる（あるＮＨＫ職員からは、年金保険料より、ＮＨＫ受信料の方が後回しにされますよと言われてしまったが）。

厚生年金加入が解決策にならない

よく、非正規雇用者も厚生年金に加入させようとする案が、国民年金未納率が高くなると持ち上がる。いまは、原則、週三〇時間以上働く労働者は、厚生年金加入となっている。それを拡大して、多くの非正規雇用者を厚生年金に加入させ、国民年金から切り離そうとする戦略である。厚生年金は、企業負担もあり年収比例なので負担が少なく、かつ給与天引きなので、ワーキングプアも年金加入の漏れがないという意見である。

しかし、それが根本的解決にならないことは明白である。その理由は、非正規で働いている人には、種々雑多な人が含まれているからである。第三号被保険者であるパート雇用者の妻からみれば、一定の収入以下なら保険料を払う必要がないのに、厚生年金加入を強制されれば、逆に、給料が少なくなりメリットがなくなる。企業も、保険料の負担が新たにかかるので、避けたいと思い、また、違法に加入させないところもある。現に、正社員でも厚生年金から違法に脱退させている事業所も摘発されているくらいだ。また、日雇い派遣の人、短時間のアルバイト先を掛け持ちしている人、フリーで働いている人などは、対象外である。これらの人々をすべて厚生年金加入で解決しようとすることは無理がある。それは、厚生年金は、「労働者は一つの企業に一生勤め続ける」ことを前提にした仕組みだからである。だから、企業ごとに管理され、保険料の半分を負担することが合理的だったのだ。つまり、厚生年金加入の拡大は、同一企業で正社員に近い働き方を一生続ける人のみが恩恵を受ける。

正規になったり、非正規になったり、失業したり、企業を変わったり、配偶者の扶養家族になったりと、働き方や家族形態のライフコースが多様化し、予測不可能な時代には、厚生年金にその解決を求めても、今度は厚生年金の方が混乱してしまうことは目に見えている。

保険料負担・徴収の一元化を

結局、保険料負担・徴収の方式が二種類あること自体が、もう時代に合わなくなっている。報酬比例の年金を天引きする厚生年金（共済年金）は、一生企業の正社員（公務員）であることをその制度の前提としている。一人あたり一定額を自分で納付する国民年金は、一家全員で働く自営業を前提としている。その対応関係自体は合理的かもしれない。

しかし、現在出現しているのは、給料をもらいながら国民年金に加入する非正規社員など、一定額の負担が重すぎる人々、特に、若者なのである。そして、その非正規雇用で働く若者は、将来、どのようなライフコースをとるかわからない。つまり、正社員になるかもしれないし、結婚して配偶者に養われる立場になるかもしれない、このまま非正規社員を続けるかもしれない。

いまの時点では、年金徴収方法を一元化し、正社員であっても非正規社員であっても、自営業者であっても専業主婦であっても、納付された年金を一元管理し、個人勘定でプールすることが合理的である。北欧諸国などで行われているこの仕組みを、私は、「年金マイレージ」と名づけることを提案する。

納付の額は、議論されていいと思う。ゼロから上限金額までの中から自分で選んで、年金を自主的に納付する（標準モデルを用意した上で）。これで、支給方法も一元化され、高齢になったときに、納付がゼロなら最低金額の年金が交付され、納付金額に応じて年金支給額が決まる。そうすれば、収入が高いときは、納付額を自分で増やし、失業や低賃金のときは払わなくてもかまわない。マイレージを貯めて、高齢になったら使うという感覚でいればよい。そうすれば、年金納付額は非常に増えるに違いない。なぜなら、マイレージを貯めることが老後の楽しみとなるからであり、低収入の時期は無理して払わなくてもすむからである。これは第Ⅱ部で詳しく述べる。

・注

1. 『ねんきん』(社会保険庁)平成一六年一〇月号、平成一七年三月号の「国民年金推進員日記」のエピソードに基づいている。

2. マクロ(日本全体)では、現役世代から高齢世代に所得が移転し、ミクロ(家族内)では高齢世代から現役世代に所得が移転する。しかし、世帯内の移転では、それが起きる家族と起きない家族がいる。結果的に、高齢者からの世帯内所得移転が受けられない現役世代にとって極めて不公平な状況が生まれている。

七章　高齢者の生活保障――拡大する高齢者の生活格差

刑務所に入った方がまし？

地元の商店街の人混みを歩いていたら、高齢の男性二人が大声でしゃべっていた。一人の男性が「刑務所っていいんだってな、飯作ってくれるし、病気になったら医者に診《み》てもらえるし」と言うのが耳に入ったのでびっくりしてしまった。

もちろん、冗談で話していたのであろうが、高齢者の窃盗事件が増えたり、刑務所に入りたいために事件を起こす高齢者が出現したりなど、あながち冗談とは言えなくなっている。[1] つまり、刑務所に入った方が生活が楽になる高齢者が増えているのではないだろうか。

高齢者の格差拡大

二〇〇七年、国会で所得格差の拡大が議論されたとき、政府からは、所得格差が拡大しているように見えるのは、そもそも所得格差が大きい高齢者の割合が増えたからであって、それ以外の年齢の所得格差が大きく拡大しているわけではないという大竹文雄阪大教授の分析を引用した答弁があった。[2] しかし、よく考えれば、高齢者の所得格差が大きいこと自体が問題ではないだろうか。

マクロ的に見れば、日本は、実は、高齢者への所得再配分が世界的に高い国である。だが、他の先進国と違って、若者や子育て中の現役世代への支出が極端に低い（図表7—1参照）。つまり、税金や社会保障費の大部分が、高齢者向けに使われている。[3] それなのに、高齢者の生活実態を見ると、夫婦で海外旅行に出かけるなど生活をエンジョイしている高齢者もいれば、いま見てきたように刑務所に入りたいと言う高齢者もいる。社会保障費配分は高齢者に偏っていると言われるにしては、高齢者の生活格差が大きいようにみえる。この高齢者に手厚い社会保障費は、きちんと貧困状態の高齢者に配分されているのだろうか。

図表7-1　高齢者を優遇する日本の社会保障支出

（単位：%）

	高齢者	医療	家族	労働	住宅その他
アメリカ	6.3	8.0	0.7	0.6	0.5
イギリス	6.1	9.2	2.9	0.8	1.6
ドイツ	11.7	10.0	1.9	2.9	0.7
フランス	12.3	9.3	3.0	3.0	1.1
イタリア	13.9	8.0	1.2	1.1	0.0
オランダ	5.8	9.7	1.6	2.7	0.9
スウェーデン	10.8	13.1	3.5	2.5	1.3
日本	9.3	6.8	0.7	0.7	0.2

出所：OECD, Social Expenditure Databaseより原田泰氏が作成

注：主要国の項目別社会保障支出の対GDP比を示す。「高齢者」は多くが年金で、遺族年金を含む。「医療」は障害者対策を含む。「家族」は、児童手当、保育所など若い家族を支えるための支出。「労働」は失業手当、積極的労働市場対策。

高齢者の生活状況

高齢者の生活と社会保障のあり方を考察する場合、次の二つの要素に分けて考察するとわかりやすい。

①日常的生活（健康が良好な状態での生活）のときの収入

②いざというとき（病気や要介護状態になったときの生活）の出費

日本の高齢者の生活状況を他の国と比べてみると、高齢者所得は平均的にみれば世界一である[4]（図表7―2参照）。しかし、いったん、長引く病気にかかったり要介護状態になると、その出費や手間

図表7-2　世界一高い日本の年金

	日本［2003年3月］	アメリカ［2002年］	スウェーデン［2003年］
平均年金月額［為替レート換算］	夫婦：236,000円 ※厚生年金加入のモデル年金（加入期間40年、専業主婦の場合）	夫婦：1,349ドル（169,974円） 単身：895ドル（112,770円）	男性：11,427クローネ（154,265円） 女性：7,628クローネ（102,978円）
［購買力平価換算］	夫婦：236,000円	夫婦：194,701円	男性：159,529円
支給開始年齢［2003年］	国民年金：65歳 厚生年金：60歳	65歳	65歳
	※男性は2025年までに、女性は2030年までに65歳に引上げ	※2027年までに67歳に引上げ	※61歳以降本人選択。ただし、保証年金（基礎年金）の支給開始年齢は65歳

出所：原田泰著『コンパクト日本経済論』（新世社、2008年）

は相当な負担になる。つまり、健康であれば生活に大きな問題は起きないが、いざというときにはよほどの高収入でないと快適な生活が送れない可能性が高い。これは、高齢者自身の問題であると同時に、高齢者と同居する家族の問題でもある。同居している高齢者が健康であれば、経済的、世話などの労働的諸負担はあまりないが、いったん健康を害すれば、たとえ介護保険があったとしても大きな負担となって同居家族にのしかかってくる。

　そこには、病気や要介護状態になることは、自己責任とされ、それに対する経済的、労働的負担は自分（もしくは家族）で主に負うべきだという思想が見え隠れしている。

　つまり、日本の高齢者は所得は比較的良好だが、いざとなったときに出費が嵩《かさ》むという構造になっている。逆に、北欧などは、所得はそれほど高くないが、要介護状態になったときでも公的施設や介護ヘルパーが充実しているので、出費がそれほど多くならないという構造をしている。

日本の高齢者は、健康でなくなれば出費が嵩むとわかっているから、健康に気を遣う人が増え、健康産業が活性化する。その結果、国民医療費の低減や長寿化に役立っている。しかし、いざとなったときでも快適な生活が送れるように、そして、同居家族に迷惑をかけないようにするためお金を貯め込むので、結果的に高齢者の消費意欲が低く、日本経済を停滞させるのである。

ここでは、まず、日常的な収入に関して考察していく。日常的な収入における一番大きい収入源は、「公的年金」である。この公的年金の給付に関しても、「ワーキングプア」はいないこと、そして、「ライフコースが予測可能」であることを前提に組み立てられている。

高齢期のモデル家族

戦後、日本の社会保障・福祉制度は、多くの人が次の二つのライフコースのどちらかをたどることを前提に、税金やら社会保障などさまざまな社会制度を組み立ててきた。これは何度も述べたが、もう一度復習しておこう。

その一つは、「サラリーマン家族」というべきものであり、男性は企業等に定年まで勤めて家計を支え、女性は主婦として主に家事や育児を行うというライフコースである。妻がパート等で家計を補助する共働き家族もこのモデルに含まれる。もう一つのモデルは、「自営業家族」であり、農家や小規模商店など、夫も妻も家業に励むというパターンである。出稼ぎやパートで家計を補助する兼業自営業もこのモデル家族に含まれる。

そして、高齢期の社会保障も、高齢者がこの二つのモデルのどちらかをたどってきたことを前提として年金制度が組み立てられている。

サラリーマン家族は自力で住宅を取得し、定年で退職、子どもが結婚などで独立した後、夫婦二人が暮らすのには十分な額の厚生（もしくは共済）年金を受け取る。夫が先に亡くなっても（確率ほぼ七五％）、妻には基礎年金に上乗せされた生活するのに十分な遺族厚生年金が支給される。介護が必要になれば、結婚して専業主婦になった娘（嫁）が通いながら介護保険（一〇年前なら社会的入院）を利用して生活するか、介護付きマンションに入るか（高資産保有者に限られるが）、二世帯住宅を建て息子か娘夫婦の世話になるなど、多様な選択肢があり、ゆとりある生活を続けることが可能である。

一方、自営業の家族には定年はない。同居する跡継ぎの息子夫婦に徐々に家業を任せながら働き続ける。諸外国に比べて日本の高齢者の労働力率が高かったのも、高齢自営業者が多かったからである。そして、夫婦それぞれがもらう基礎年金は家計補助、もしくは、事実上の小遣いとなる。満額で一人月六万円程度の基礎年金はそれだけでは十分に生活できる額ではない。それは当然で、家業に従事し高齢になっても働き続けられる自営業家族を前提として作られた仕組みなのだ。そして、仕事を辞めたり、夫婦の一方が死亡した後は、家業を息子夫婦に譲る代わりに世話を受けるというコースを想定している。

そして、高度成長期以降、一九九〇年代後半までは、日本社会は、普通の人が人並みに働けば、モデル家族のライフコースをたどることが可能な社会であった。多くの男性は終身雇用前提で企業に勤め、倒産は少なく、失業しても正社員としての再就職が容易であった。また、さまざまな規制によって農家や小規模商店、零細企業など自営業が保護されていたため、自営業男性も収入が安定して家業に専念することができた。女性も、経済的に安心してサラリーマンの妻や自営業者の嫁になることができたのである。

年金制度も健康保険制度も、そして後になるが介護保険制度も、多くの人がこの二つのタイプのどちらかのライフコースを経て高齢を迎えることを前提に組み立てられたのである。

生活保護では最低限の生活しか保障されない

このモデルから外れた人は、行政が例外として対応することになる。

何らかの事情によりモデル家族を作ることに失敗して高齢を迎えた人に対しては、社会保険ではなく、社会福祉が対応することになる。身寄りがない高齢者には、公的老人ホームが対応し、無年金等で子がいない高齢者には、生活保護によって最低限の生活が保障された。

よく、基礎年金額よりも生活保護支給額の方が高いのはおかしいとの指摘がある。[5] しかし、本来、基礎年金は、家業に従事する高齢者を想定したものであると考えると納得がいく。なぜなら、生活保護は受給基準が厳しく、貯金や旅行、高額商品の購入などが制限され、働いて収入を得ると減額される。つまり、ほとんどすべての資産を失った上、最低限度の生活しかできない。生活保護の金額より受給年金額が低くても、住宅や貯金や家業収入があったり子に扶養されていれば、楽しみにお金が使える生活ができる。だから、生活保護があるから保険料を払わなくなるという説は常に正しいわけではない。

現在人並みの生活をしている現役世代で、老後は一生最低限の生活でかまわないという人はまずいないからである。老後も人並みの生活を続けたければ、生活保護をあてにすることはできないのだ。逆に、現役時代の生活水準が低く、住宅も貯金も見込めないという人が増えれば、保険料を払うと払い損になる可能性が高い。いままでは、現役時代に最低限の生活を送る人が少なかったから、年金納付率が高かったのだ。

モデル家族の行き詰まり

いま、社会保障が行き詰まっているのは、家族や就労形態が多様化し、モデル家族をたどる人の割合が減少していることに原因がある。それも、モデル家族を超えるような自分が望むライフスタイルを選べる人がいる一方で、モデル家族をたどりたくてもたどれない人が増えていることにある。さらにその原因は、一九九〇年代後半、社会が豊かになると同時にサービス経済が進展し、グローバル化や規制緩和によって、経済が構造転換し、経済格差が拡大していることにある。その内容や現状については、第Ⅱ部を参照いただきたい。

経済格差拡大の影響をもっとも受けたのは、若い世代であるが、格差社会的状況が高齢者の生活に波及しないわけではない。モデル家族が想定した高齢期の生活からはみ出す人が出現し、現在も増大しつつある。その結果、望む生活形態が実現できる高齢者と、実現できない高齢者の生活状況の格差が拡大していく。問題は、その高齢者の格差の実情を見て、これから高齢期に突入する現役世代が不安を抱くようになったことである。

高齢者の生活格差拡大の二つの要因

高齢者の生活格差が拡大する要因には、大きく二つの要因がある。一つは、高齢者自身の経済状況の格差による生活格差であり、もう一つは「子」の状況による生活格差である。両者は関連しているが、とりあえず、別々に検討する。そして、この両者とも、ここ一〇年の間に顕著になってきたものであり、今後、高齢者になる世代では、さらに進行する可能性が高い。

まず、高齢者自身の経済基盤の格差拡大の現状を検討しよう。それは、モデル家族の形成に失敗、もしくは、途中まで順調にライフコースをたどっていったが、高齢期に達する前にモデル家族から転落してしまう高齢者の増大である。

先に、伝統的自営業の衰退を見てみよう。一九九〇年代を通して、規制緩和により農業や自営業の保護が後退し、その結果、小規模農家や小規模商店、零細企業の経営基盤が弱体化した。また、ショッピングセンターの拡大やIT化など経済の構造転換によって、廃業や大幅赤字に追い込まれる伝統的な自営業が増大する。そして、一九九七年の金融危機で資金が絞られたことが最後の追い打ちとなる。

先に述べたように、満額月六万円程度という基礎年金では、それだけで生活するには不十分である。同居する息子に家業を譲って扶養されたいと思っても、その家業自体が衰退し、跡継ぎの息子共々生活に窮してしまう。嫁に介護を頼みたくても、将来の見通しがない伝統的自営業の跡継ぎ息子の未婚率は高まっている。といって、外に働きに行こうにも、地方なら地元に雇用の場はなく、あっても低賃金であり、短期の雇用であれば厚生年金は受給できない。息子夫婦に徐々に家業を譲ってゆとりある生活をするというもくろみは崩れ、低額の基礎年金だけでぎりぎりの生活を強いられる高齢（元）自営業者が増大する。そして、行政は彼らに対して何の手だても持っていない。

また、サラリーマン・モデルから転落する高齢者も増えていく。サラリーマン家族で人並みの高齢者生活が送れる必要条件は、住宅取得（もしくは相当の金融資産の形成）と比較的高額の厚生年金（共済年金）の受給資格である。しかし、一九九〇年代後半以降、その要件を満たせない家族が増えていく。なぜなら、一九九七年の金融危機をきっかけとして、リストラや企業倒産が増え、企業から放り出されるサラリーマンが増大するからである。中高年だと再就職もままならない。住宅を失ったり、取得を諦めるサラリーマンが増える。中高年男性の経済的理由による自殺が急増したのは一九九八年だが、その裏には収入を失った多数の現役中年サラリーマンが控えているのである。これは、高齢期生活に直接影響する。厚生年金額が減額され、再就職してもそれが非正規雇用で厚生年金加入資格が得られないケースも増える。

住宅を持たず、十分な厚生年金も受給できない（元）サラリーマン夫婦が高齢期に突入する。彼らは、人並みの生活を続けるために、何らかの形で働き続け、収入を得なくてはならない。中には、高齢の妻も働くことによって、生活を支えるケースもあるだろう。生活のための高齢者就労は、仕事を選べるはずもなく、多くは低賃金の単純労働に就くことになる。そして、働くことができなくなれば、即、生活困難に陥る。その上、高額の教育費をかけて育てた子たちは、経済の構造転換の影響を受け、非正規雇用にしか就けない息子、娘も多くなり、未婚率も高まる。子どもの経済力に頼れる高齢者もいるだろうが、むしろ子どもが経済的重荷になっているケースも出てくる。これは、次に述べる。

子の状況による格差拡大

たとえ経済状況のゆとりがある高齢期を迎えられたとしても、もう一つの問題が出てくる。それは、子の状況である。

持ち家や貯蓄などの資産を持ち、高額の厚生年金を受給する団塊世代男性の退職によって、消費が活発になるとの予測がある。資産や年金収入を自由に使える人々が出てくるし、内外のリゾート地などに住んで自由を謳歌できるという。[6]私は、それが可能なのは、彼らの子全員が独立して生活できていたらという留保条件をつける。団塊の世代（一九四七―四九年生まれ）になると、だいたい、子は平均二人で三〇代前半、その年代の男性の四七％、女性の三二％は独身である。そして、未婚者の約八割は親と同居しているから、退職した団塊世代が独身の子一人以上と同居している確率は、ほぼ五割である。未婚者の非正規雇用に就く割合は相当高く、男性で三割程度、女性で四割以上である。彼らの多くは独立や結婚ができる収入を得ていない。つまり、引退後も、親として、同居している息子や娘を扶養しなければならない団塊世代が約一―二割いることになる。子どもが正社員であっても、同居していれば、親だけリゾート地に引っ越すという選択肢も行使しにくいだろう。未婚子を抱えると、行動や消費の選択肢が狭まる。

問題になるのは、未婚者だけではない。夫がリストラされ、生活ができないため、離婚して実家に子どもを連れて帰ったら、引退していた父親が彼女たちを養うために再就職してくれたというケースは二章で示した。これを親側から見れば、悠々自適な生活を楽しんでいた高齢者夫婦が、突如、娘の再扶養問題に直面したわけである。できちゃった結婚をしたフリーターが親の家に夫婦共々ころがりこむという新しい三世代同居も出現している。現在の若者の家族関係と経済状況はともに不安定である。その不安定を引き受けているのが、高齢の親世代なのである。

子が全員正社員として就職したり結婚して順調に独立し、サポートも受けられる高齢者と、中年になった子を扶養し続けている高齢者が混在している。どう見ても生活実態に格差がある。後者の高齢者も、子の幸せを願い続けるから、自分の生活を削ってまで、子のサポートをしようとする。若者の社会保障の一種の肩代わりを高齢者がしているようなものである。六章で見たように、年金保険料を負担している人もいる。そんな高齢者に対して、行政がサポートする仕組みは皆無に等しい。

高齢者社会保障・福祉制度に空いた穴

モデル家族と生活保護の間を埋めるものがない。これが日本の社会保障制度の最弱点となっている。社会に出たての若者にも、子育て家族にも、そして高齢者にも同じ問題が出てきているのだ。

モデル家族、つまり、住宅を取得し厚生年金を得て育てた子ども全員が安定した職に就いている（もしくはそのような男性と結婚している）元サラリーマン高齢者、家業で十分収入が得られ跡継ぎの息子（娘）夫婦がいる高齢者。この二つのモデルから外れてしまうと、働き続けなければ生活できなかったり、生活が苦しくなったり、将来の生活に見通しが持てなくなる。そして、そのような状況にある高齢者がいま、増えつつある。

例えば、住宅はあるが年金額が少ない、または、年金はそこそこだが持ち家がなく、住宅費を稼ぐために働かなければ、人並みの生活ができない高齢家族。収入が先細りで年金額が少ない自営業家族、跡継ぎが出ていって高齢者だけ残された零細農家、住宅も年金もあるがフリーターの子を支えるために生活が苦しくなる高齢の親など、一度健康を損ねて働けなくなったり、医療費が増えたりすると、一気に貧困状態に陥る可能性のある家族が増える。

高齢者に対する普遍的なサポートシステムを

そして、現在の社会保障システムがモデル家族の高齢者を前提としているがゆえに、そこから外れて生活が苦しくなっている高齢者に対応する施策はない。資産をすべて失うことを前提とした生活保護に転落しない限り、行政の手はさしのべられない。このような状況を見れば、現役世代が将来の高齢生活に不安を抱くのも仕方ないだろう。

後期高齢者医療制度も、この不安にまったく応えないし、元に戻しても同じである。マクロ的な財政のつじつま合わせでは、個々の生活に苦しんでいる高齢者家族を救えないし、不安も解消できない。生活保護に陥るほどではないが、生活に苦しんでいる高齢者をサポートする制度の早急な構築が求められている。

・注――

1. 二〇〇六年の犯罪白書によると、高齢者の刑法犯はここ二〇年で五倍になっている。その大部分が、窃盗六五%、横領二二%と、経済犯である。

2. 大竹文雄『日本の不平等』（二〇〇五）より。しかし、大竹氏も二〇歳代の若者の不平等拡大は指摘している。また、四〇代、五〇代世帯主世帯の格差が拡大しないのは、低所得男性の妻が雇用労働に就いて所得を補ったという説が有力である。

3. エスピン＝アンデルセンの比較による（エスピン＝アンデルセン『ポスト工業経済の社会的基礎』二〇〇〇）。

4. 原田泰大和総研主任研究員の指摘による。これも、モデル家族が形成できた平均的な高齢者の場合という限定付きであるが。

5. 慶応大学教授の駒村康平氏がたびたび指摘している点でもある（駒村『大貧困時代』二〇〇九）。ただ、国民年金受給者に、資産や貯金がどれだけあるかはあまり議論されない。

6. 堺屋太一氏がこの指摘をしているが、これも、子どもが自立しているという前提の上でのことである（堺屋『団塊の世代「黄金の十年」が始まる』二〇〇八）。

八章　雲の上の少子化対策――夫婦とも正社員前提の育児休業

「雲の上」の話

あるフリーライターの女性（夫、子ども二人）が、ワーク・ライフ・バランスのシンポジウムの取材に行ってきたという。そこで発表されたのは、ある大企業に勤める専門職キャリア女性が、出産し、育児休業中もキャリアを中断しなくていいように会社から情報サポートを受け、仕事復帰後、短時間勤務と自宅でのワークで、子育ての時間が十分に取れたというケースだったそうだ。新聞や雑誌に紹介される両立女性の典型的なケースである。

フリーライターの女性にとっては、そのキャリア女性の話は、まるで、「雲の上」の話に聞こえたという。フリーの彼女には、育児休業は存在しない。子育てのために仕事を休めば収入はゼロとなる。保育園にも入りにくく、仕事がもらえなくなる恐れから、子どもの具合が悪くても取材を休むことはできないまま、低収入の仕事を続けている。

私も、男性の育児休業に関するシンポジウムに行ったとき、似たような感想を持ったことがある。ある男性は、第一子のときは妻が育児休業を取り、第二子が生まれたとき、彼女のキャリアをこれ以上中断させることは忍びないので、自分が育児休業を取ることにしたという。聞いてみると、妻の職業は、病院勤務の医師であった。育児休業によって夫の収入が大きく減っても、妻が医師であれば生活の心配をしなくてすむのだ。

しかし、妻が専業主婦やフリーライターや非正規社員であった場合、男性が育児休業を取れば、即刻生活が破綻する家族が多いに違いない。つまり、現在のところ、男性の育児休業は、フルタイムの正社員（公務員）で高収入を稼ぐ妻と結婚している男性の「特権」なのである。その点を考慮せずに、男性の育児休業の目標値を決めたところで、同じく雲の上の話になってしまうのだ。

女性も正社員で働けるという前提

育児支援、少子化対策など名前はついているが、子どもを養育している親への支援策にはさまざまなプログラムがある。児童手当といった給付金によるサポートから、保育園、育児休業など働く母親向けのサポート、母子家庭支援など福祉的意味合いを持つサポート、さらに、最近では職場復帰支援などのサポートもある。

しかし、いままでの章で述べてきたのと同じく、これらのサポートも、ワーキングプアが存在しない、つまりは、条件が整えば誰でも正社員（公務員）になれた時代に作られたものであり、いまの時代に適合しなくなっているのである。[1] 特に、「育児休業」に関しては、男性が正社員であることは当然であり、その上に、女性も望めば正社員になれることを前提にしている制度である。

夫婦ともに正社員でないと育児休業は無理

冒頭に述べた例でもわかるように、正社員（公務員）であれば、産休（有給）の後、子どもが満一歳になるまで休業を取ることができる。原則無給。しかし、雇用保険から、休業中は給与の三〇％（上限一四万四六三〇円—二〇〇八年）が支給され、職場復帰後に二〇％が追加支給される。期間中の社会保険料納付は、二〇〇五年の改正で免除となった。また、一部の大企業では雇用保険に上乗せされ、給与の一部として支給されるケースもある（文庫版註：二〇一〇年四月一日より休業中三〇％、復帰後二〇％は統合され、休業中五〇％に。二〇一二年八月一日以後は上限は二一万四六五〇円）。

よく考えてみると、現行の育児休業制度は、夫婦がともに正社員でないと、男女とも実質的に利用することは難しいことがわかる。そもそも、非正規社員やフリーライターのような自由業、自営業は、この制度の範囲外である（二〇〇五年より、一部の非正規社員でも一定の要件を満たせば使えるようにはなった）。もちろん、仕事を辞めて休むことになるが、給付金はもらえず、収入は途絶え、将来の職の復帰に関して何の保証もない。

そして、休業中の収入が三〇％という中途半端な額のため、もしも、女性がこの制度を使用するときは、夫の収入が安定して相当高くないと生活の維持が難しい。例えば、月収が二五万円だとすると、給付金は月七・五万円である。母子家庭だったり、夫が非正規雇用や失業状態など収入が低ければ、この制度を利用しようと思っても、よほどの額の貯金がないと無理だろう。つまり、十分な収入がある正社員（公務員、自営業）の夫がいる正社員（公務員）の女性でなければ、育児休業は取りにくい。

最近、男性の育児休業取得増加が目標として掲げられている。二〇〇七年現在、男性の育児休業率は、該当者の一・五％程度である（図表8―1参照、女性は八九・七％）。男性の育児休業率が低いのは、ある意味、当然である。ただでさえ、子どもが産まれて出費が嵩む。出産した妻はすでに仕事を辞めているケースも多い。すると、男性が育児

図表8－1　育児休業取得率の推移

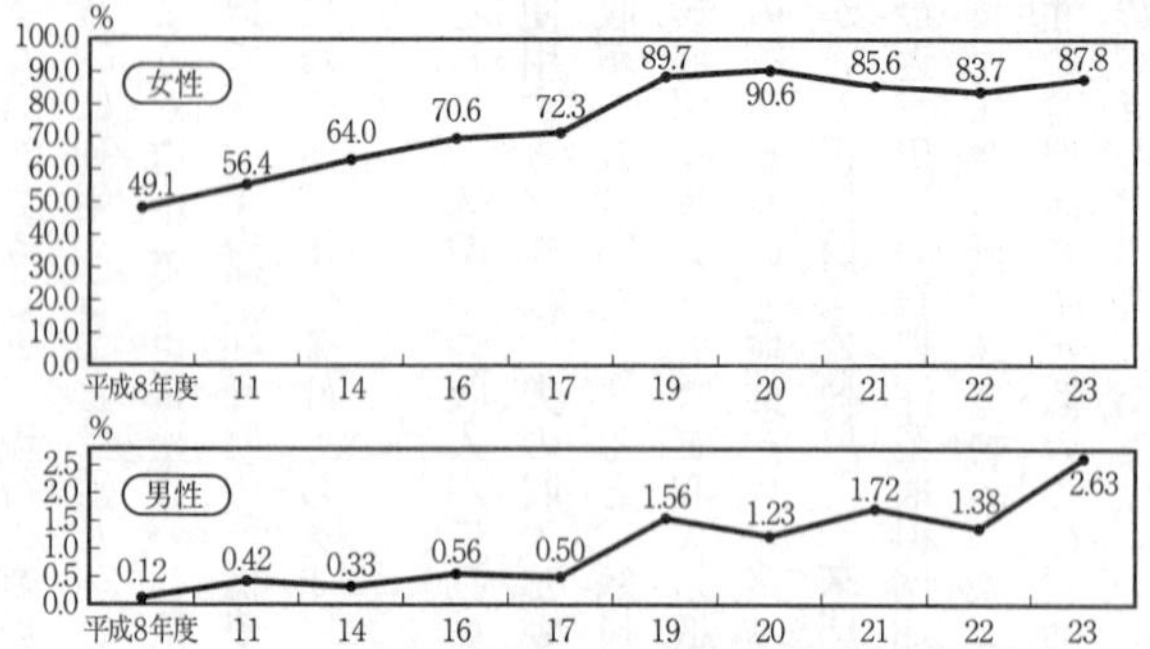

育児休業取得率＝ 調査時点までに育児休業を開始した者（開始予定の申出をしている者を含む） ／ 調査前年度1年間の出産者（男性の場合は配偶者が出産した者）の数

※（参考）「子ども・子育て応援プラン」目標値
男女の育児休業取得率　　男性10%、女性80%

出所：厚生労働省「雇用均等基本調査」（平成23年度）

休業を取って収入が三〇％（上限約一四万円）になることは致命的である（文庫版註：たとえ五〇％になっても変わりないだろう）。つまり、男性で育児休業を取得できるのも、よほど貯金をしていたか、女性が正規雇用者として相当の収入を稼いでいる人以外にありえない。だから、章の最初に紹介した例のように、育休取得男性の妻は医者だったりするのだ。

ここで、育児休業の数字のからくりを見ておこう。女性の育児休業率が八九・七％といっても、それは、出産時点で育児休暇取得が可能な女性が母数である。つまり、正社員でなければならない。そもそも出産時点での女性の就労率、特に、正社員率は相当低い。そのような女性の中で育児休業取得率が高いのは当たり前である。分母に出産前に仕事を辞めた女性が入っていないのだ。そして、男性の育児休業取得率が低くなるのは、先に述べたとおり当然である。彼らが取得すれば、生活が成り立たなくなる家族が続出するのだ。それでも、育児休業する男性が多少なりとも出てきたのは、それこそ、男女雇用機会均等法などで、高収入の女性が増え、彼女たちと結婚する男性が出てきたからである。

男性の育児休業率を上げるために、政府は、意識啓発とか職場の理解の推進をあげている[2]。しかし、それだけでは無理なことは明白である。せめて、休業中の給与保障を、イタリア並みの一〇〇%とはいかなくても北欧やスペイン並みに八割程度まで上げないと現実的ではない。

非正規化が進む中での現行の育児休業制度の不公平

育児休業という比較的新しくできた制度であっても、男性が正社員であることを前提としているだけでなく、それに加えて女性も正社員であることを前提としている。確か

図表8-2　調査別にみた未婚者の就業状況の構成比

就業の状況（従業上の地位）	男性						
	第8回調査（1982年）	第9回（1987年）	第10回（1992年）	第11回（1997年）	第12回（2002年）	第13回（2005年）	第14回（2010年）
正規の職員	63.7%	62.7	61.7	57.7	45.2	47.9	45.7
自営・家族従業等	8.5	7.4	3.7	5.8	5.5	5.6	4.5
派遣・嘱託・契約社員	–	–	–	–	1.9	6.3	5.5
パート・アルバイト	2.4	2.1	2.1	7.7	10.9	10.5	8.9
無職・家事	3.2	2.7	2.3	3.3	7.0	6.4	8.5
学生	21.2	23.6	28.7	21.0	23.3	20.5	22.3
その他・不詳	1.1	1.5	1.5	4.5	6.2	2.8	4.7
総数（18〜34歳）	100.0%	100.0	100.0	100.0	100.0	100.0	100.0
（標本数）	(2,732)	(3,299)	(4,215)	(3,982)	(3,897)	(3,139)	(3,667)

就業の状況（従業上の地位）	女性						
	第8回調査（1982年）	第9回（1987年）	第10回（1992年）	第11回（1997年）	第12回（2002年）	第13回（2005年）	第14回（2010年）
正規の職員	66.4%	65.6	66.1	54.4	44.5	40.8	41.4
自営・家族従業等	2.7	2.5	1.1	2.3	2.5	1.6	1.8
派遣・嘱託・契約社員	–	–	–	–	4.8	10.6	8.1
パート・アルバイト	3.7	3.9	4.5	14.1	16.3	13.5	14.7
無職・家事	9.7	7.1	5.3	5.7	8.1	6.8	7.6
学生	16.0	19.7	21.8	20.4	18.7	24.3	22.4
その他・不詳	1.5	1.2	1.2	3.0	5.1	2.3	4.0
総数（18〜34歳）	100.0%	100.0	100.0	100.0	100.0	100.0	100.0
（標本数）	(2,110)	(2,605)	(3,647)	(3,612)	(3,494)	(3,064)	(3,406)

出所：国立社会保障・人口問題研究所「第14回出生動向基本調査・報告書」
注：対象は18〜34歳の未婚男女。派遣・嘱託の区分は第12回調査以降で追加、契約社員は第13回調査以降で追加された。

に、この制度が整い始めた一九八〇年代では、未婚男性でなく、未婚女性の正規雇用率は高かった。一九八七年には、未婚女性の正規雇用率は八割くらいあった（国立社会保障・人口問題研究所調査、一八—三四歳、学生を除いて筆者が計算）。結婚、出産と同時に正社員としての仕事を辞める女性が多かった。それゆえ、男女雇用機会均等法によって女性差別をなくし、育児休業制度を整備すれば、女性は出産しても正社員として働き続けることができるというもくろみだったのだろう。当然、その夫である男性も正社員であるから、父親にも育児休業を取る権利があり、かつ、妻が正社員で十分な収入があるから、経済的にも可能であろうという予定だったのである。

しかし、ここ二〇年で、若年期の就業状況が大きく変化する。未婚女性の非正規雇用率が上昇する。図表8—2を見ればわかるように、二〇〇五年のデータによると、未婚女性の正規雇用率は、学生を除いても五割程度に低下している。同時に、未婚男性の非正規雇用率も上昇傾向にある（文庫版註：二〇一〇年、正規雇用の割合は四七・九％から四五・七％へとさらに下がっている）。それ自体が、未婚率を高め、少子化を深刻化させているのである。

アルバイトや派遣で働く女性が増えているのにもかかわらず、彼女たちに対する出産支援策が抜け落ちているのである。結婚している非正規雇用、自営の女性が妊娠した場合、仕事はできなくなる。産休も取れない可能性が大である。結局、夫たる男性の収入に頼るしかない。

ここに、大きな不公平が潜んでいる。同じく仕事を中断して子どもを育てていながら、一方は、出産時に正社員であったがゆえに、子育て中も給与の三〇％（文庫版註：現在五〇％）が支給されている上、復帰が保証されているし（解雇されることはない）、保育園にも入れやすい。一方は、出産前にアルバイトや自由業であったために、仕事の中断による経済的損失の保障もなければ、休業後に仕事に就ける保証がないどころか、子どもを抱えている女性が新規に職を探すのは極めて難しく、保育園も利用しにくい。つまり、正社員として働いている女性は、単に収入が高く安定しているだけでなく子育てに関する社会保障においても優遇され、非正規雇用や自由業で働いている女性は、収入が低く不安定なだけでなく、子育て支援の対象にもならないという著しい不公平が存在しているのだ。

ワーキングプア時代の育児休業制度のあり方

正規雇用であろうが、非正規雇用であろうが、フリーであろうが、自営業であろうが、女性が妊娠、出産した場合の育児休業は男女ともに保障されねばならない。そうでなければ、制度の趣旨に反する。にもかかわらず、現行の育児休業制度は、夫婦ともに正規雇用であることを前提に制度が組み立てられている。

この状況を解決するためには、スウェーデンやイタリアの育児休業制度が参考になる。それは、出産した女性が自営業の家族従業員であっても、育児休業が取れる仕組みである。出産して自営の仕事を休めば、その期間仕事をしていたと仮定した金額の何割かが給付される。個々の企業や失業保険から給付されるのではなく、普遍的な基金（親保険）からの給付という制度になっているから可能なのである。章の冒頭の例で言えば、フリーライターの女性が子どもを産んで一年間仕事を休めば、その間、基金から出産前に稼いでいた収入額の八割が支給されるのだ。そうすれば、安心して、しばらくの間、育児に専念できる。

あとは、給付金額も上げる必要がある。これは、男性が育児休業を取る必要条件である。男性が育児休業を取得した場合、妻の収入が低くても、男性の収入のせめて八〇%が保障されれば、数ヶ月はなんとか経済的にやっていくことはできるだろう。

育児休業制度も、ワーキングプア時代に合わせた形で抜本的に改革しなければ、少子化対策どころか、育児支援にもならないだろう。

社会保障によって格差が広がる

子育て期における現行の社会保障・福祉制度の矛盾は、育児休業だけではない。次の図表8―3を見ていただこう。これは、二〇〇八年にOECDによってまとめられた、子育て世帯における貧困率を示したものである。再分配前所得とは、子育て世帯が得た収入総額であり、再分配後所得とは、税金や社会保障で所得を調整した後の貧困率を示している。

北欧など多くのヨーロッパ諸国では、再配分前の貧困率は高い。しかし、税金や社会保障で調整され、再分配後の子育て世帯の貧困率は低くなっている。つまり、子育て世帯の格差が縮まっていることになる。

しかし日本のグラフを見ていただきたい。再分配前の貧困率は諸先進国中最低水準にある。しかし、再配分後の所得では、むしろ貧困率が高まっている。つまり、社会保障制度によって、貧困に陥る子育て世帯が増加している。こんなひどい状況になっている国は他にはないことに注意していただきたい。

これも、子育て世帯への支援が、正社員に偏っていることの影響なのである。日本の

図表8−3　子どものいる世帯の相対的貧困率(再分配前・再分配後)

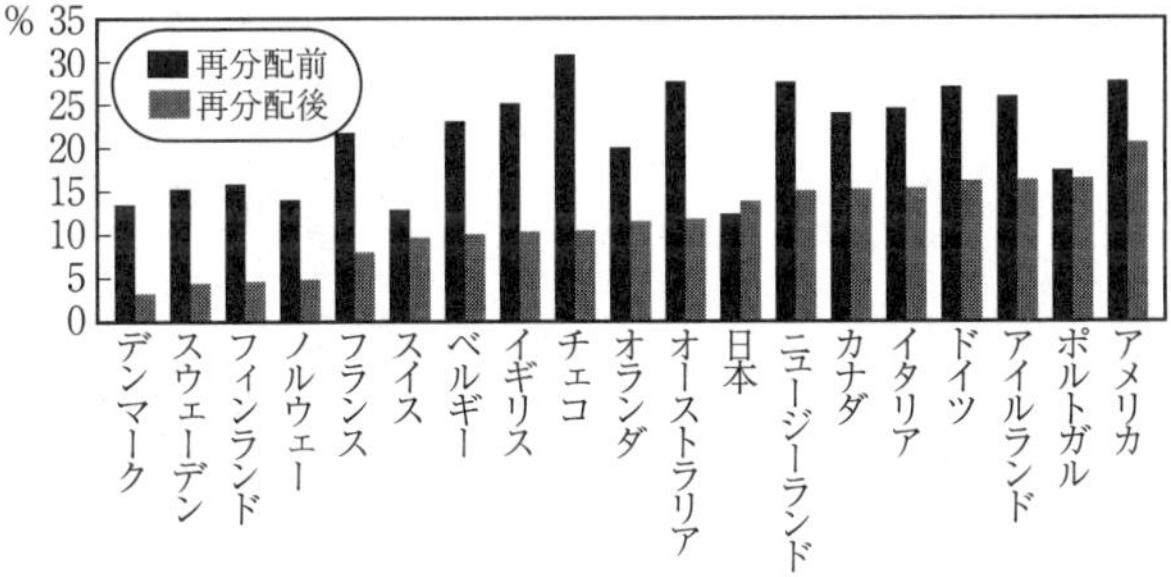

出所：OECD(2008) 'Growing Unequal? Income Distribution and Poverty in OECD Countries'
注：1）チェコ、ベルギー、アイルランド、ポルトガルは2000年頃のデータ。それ以外の国は2000年代のデータ。
注：2）再分配前は市場所得（market income）、再分配後は可処分所得（disposable income）。

子育て世帯での所得の再分配は、父親が正社員であることを前提にしている。そこでは、父親の収入からの所得控除部分が大きい。扶養家族として子どもが所得控除されると、税金をたくさん払っている親ほど税金が多く軽減される。しかし、そもそも税金を払うほどの収入がない親は、扶養控除による再分配は無意味となる。かくして、日本では、高収入の子育て世帯に優しく、低収入の子育て世帯に厳しい「所得再分配」が行われ、それが放置されているのだ。

　この点からも、子育て世帯に対する普遍的なサポートシステムの再構築が求められている。

・注

1．例えば、萩原久美子『迷走する両立支援』（二〇〇六）では、いかに政策とニーズが食い違っているかが書かれている。

2．『少子化社会白書平成二〇年版』でも、ワーク・ライフ・バランスの推進や男性の育児休業取得推進が述べられているが、正社員、それも、大企業従業員を前提にしていることがわかる。

九章 一八歳で追い出される児童養護施設
――若者の社会保障がない国

児童養護施設の一八歳問題

私は、二〇〇二年から二〇〇六年まで東京都の児童福祉審議会の委員をしていたが、そのときに、児童養護施設の現状について貴重なお話を聞く機会に恵まれた。特に私が気になったのは、児童養護施設を卒園した後のアフターケアの問題である。

児童養護施設とは、児童を養育すべき親が死亡したり、病気や虐待で養育できないときに、児童を預かって、一人前の社会人になるまで養育する施設である。また、同様の趣旨で、里親制度もあり、里親が身寄りのない児童を預かり養育する制度である（養子との違いは、法的な親子関係はないため里親には養育費が国から支給される点である）。

いま問題になっているのは、児童養護施設や里親のもとでの養育は、最長で高校卒業まで、つまり一八歳になった年の三月までという仕組みである。自分を育ててくれる身寄りがないために児童養護施設に入園しているわけだから、卒園と同時に自立しなければならない。

昔はそれで大丈夫だったという。なぜなら、男性も女性もほとんどの高校生は、卒業とともに正社員として就職でき、安定した収入で自立して暮らすことができたからだ。さらに、一九七〇年頃までは、中学卒業であっても、大手企業の工場に正社員として勤めれば独身寮があり、中小企業でも工場や社長宅に住み込みという形で、多少給料が低くても生活できたし、何より将来にわたって安定した生活ができる期待が持てた（特に養護施設入園者は、地方からの集団就職者と同じように、寮などが完備している企業を選んだと思われる）。

しかし、一九九〇年代半ばから様相が変わってきた。まず、正社員としての就職口が少なくなり、卒業と同時に就職が決まらない入所者も増えてきた。さらに、正社員でも、最近は住み込みはもちろん寮がないところも多く、アパートを自分で借りて生活し始めなければならない。本来なら、児童養護施設卒園はおめでたいことなのに、卒業と同時に生活困難に晒される卒園生を見るのは忍びないと話す児童養護施設関係者もいた。里親の中には、養育期間を超えて自立できない里子の面倒を自腹を切って（法律上、国から養育費は出ないため）みる人もいるということだった。

一八歳で自立できることを前提とした児童養護制度

結局、現行の児童養護制度は、高校を卒業すれば、自立して生活することが可能という前提に基づいた制度である。いままで述べたように、これも、ワーキングプアがいないこと、つまり、大人がフルタイムで働けば「誰でも」自立して生活できる収入が得られることを前提としている。フルタイムで働き始めることができる年齢は、だいたい、一八歳ということで、一八歳卒園という制度ができたのだ。これも、一昔前は、一五歳、つまり、中学卒業が卒園の目安だった。しかし、高校進学率が九割を超えるようになると、高校卒業の一八歳が一つの目安になった。

もちろん、大学進学の機会も開かれているが、経済的に自立することが前提である。親がいなかったり、サポートできる状態ではないので、授業料の比較的安い国立大学に合格した上に、奨学金を得てということになるので、なかなか進学率は上がらない。

確かに、戦後から高度成長期にかけては、たとえ親が健在でも、親自体が貧しく、きょうだい数が多かったため、中卒、高卒で就職し、親元を離れ、自立して暮らすことは珍しくなかった。当時は、親への仕送りをした若者も多かった。その状況に合わせた形で児童養護制度が作られていることは間違いない。

新卒＝正社員就職＝自立モデルの崩壊

しかし、先に述べたように、一九九〇年代半ばから、若者の正社員としての就職が難しくなる。特に、高卒で正社員という道が狭まり、アルバイトや派遣、契約社員などが多くなる。それも特段の技能がない高卒者だと、最低賃金に近い額しか稼ぐことはできない。企業は、寮などの企業内福祉を削減しており、たとえ正社員となっても、新卒の給与では、一人暮らしで人並みの生活をするのはなかなか困難になっている。

つまり、新卒＝正社員就職＝自立モデルが崩壊し、そのコースから外れてしまう若者が出現し、増大しているのだ。[1]

二、三章で述べたように、このコースから外れた若者の多くは、この状況に対して、「親と同居する」ことで対応している。従来の日本の社会保障・福祉制度は、低収入の人には必ず彼らを養う家族が存在しているという前提を置いている。安定した収入の親が存在していれば、彼らは高校卒業後、定職に就くことができなくても、貧困状態に陥らなくてすむ。また、親の経済的サポートで、専門学校や大学（これも、推薦や面接だけで入学できる大学はたくさんある）に行くことも可能だ。専門学校や大学を卒業すれば、正社員就職の機会が増え、自立可能な収入を稼ぐ確率が高まる。そして、現代社会の多くの親は、学校卒業後の子どもをサポートできるくらいの収入は得ている。

しかし、養護施設を卒園した一八歳の若者には、頼るべき親や親戚はいない。両親とも亡くなっている、長期的療養を必要とする病気である、虐待する、など理由はさまざまであるが、親に頼れないから、養護施設で暮らしてきたわけである。正社員として就職できなかったからといって、頼る家族はいない。

小手先の対策では若年ワーキングプアの発生は止められない

児童養護制度は親代わりなのだから、正社員として就職できずに、ワーキングプアに転落する恐れが高い卒園者（里親契約終了者も含む）に対して、施設に継続して入居できるようにする（里親を延長する）など、何らかのサポートをするべきだという結論はすぐ出てくる。私が委員を務めた東京都児童福祉審議会の報告にもそのような方向でのサポートを模索するべきとの提案が書かれている。ただ、現実にできることは、親に頼れない若年ワーキングプアをサポートするＮＰＯ等との連携、親代わりの相談機能の充実という程度にとどまっている。国の制度であるため、一自治体で行えることには限度がある（それを言い訳にしてはならないが）。

しかし、この問題の解決が難しいのは、施設で育った児童だけの問題ではないからだ。児童養護施設を卒園する若者は、一八歳未満の時点で、親に経済的に頼れないことがあらかじめわかっている少年である。養護施設に入園していなくても、親の収入が低く、高校卒業後、経済的に頼れない親もとで育った若者もいるだろう。高校卒業後でも、親が亡くなったり、経済的に破綻するなどした若者もいる。親が経済的に安定していたとしても、親から虐待を受けたり、親と心理的に折り合いが悪いなど、実質的に親に頼ることができない若者もいる。児童養護施設卒園者だけを対象にした制度を作っても、親に頼れないワーキングプアの若者すべてを救うことにはならない。だからこそ、ネットカフェ難民の若者、寮付き製造業派遣でぎりぎりの生活をする若者（男性）、寮付きである程度収入が稼げる飲食店接客業の若年女性が増大しているのだ[2]。

就労支援と生活保護の限界

新卒＝正社員就職＝自立モデルの崩壊に対して、従来型の対策は限界にきている。なぜなら、従来の対策は、フルタイムで働けば人並みの収入が稼げることを前提にしているため、「働く場がない人」には就労支援、「働けない人」には生活保護で対応することを原則としているからである。

新卒後低収入の職にしか就けない人は、働けない人ではない。いくら収入が低くても生活保護を受給することは難しい。一方、就労支援は働いていない人に対する支援であり、フリーターなど低収入でも職に就いている若者には関係ない。そして、まともな収入を得られる正社員の職自体の数に限りがある。そのような職に就きたくても就けなかった若者である。そもそもこのような状況に陥った若年ワーキングプアに対して、生活できるだけの収入を得られる社会保障制度もなければ、正社員などへの就労をサポートする制度もない。

低収入で昇進の望みもなく、ぎりぎりの生活を強いられる若者が大量に出現してしまっているのだ。

ワーキングプアの若者に普遍的なサポートシステムを

七章で述べた高齢者の問題と同じく、若年ワーキングプアに関しても、モデル家族

（ここでは、新卒＝正社員就職＝自立モデル）と生活保護の間を埋める制度がないことがわかる。

学校卒業後、収入が安定した職に就けず、親にもパラサイトできない若者に対するサポートシステム、つまり、低収入でも生活できる社会保障システム、将来収入が上昇する職に就くための支援システムが求められている。

・注

1．本田由紀は、学校経由の就職がなくなったことを大きな原因としてあげ（本田『多元化する能力と日本社会』二〇〇五）、また、小杉礼子は新卒採用ですべてが就職できるわけではないのに、それに代わる制度がないことを問題点としてあげている（小杉『フリーターという生き方』二〇〇三）。

2．例えば、湯浅誠（『反貧困』二〇〇八）、雨宮処凛（『プレカリアート』二〇〇七）などにこれらの例が記されている。

第II部

社会保障制度の構造改革

一〇章　ワーキングプア出現の意味
――社会保障・福祉制度の前提の崩壊

もう一度、現行の社会保障・福祉制度のよって立つ前提と、それが現在の状況に合わない理由を復習してみよう。

現行の社会保障・福祉制度のよって立つ前提

現行の社会保障・福祉制度の基本は、戦後の経済の高度成長期に完成したものであり、その時点での経済的、社会的条件を反映したものである。二〇〇〇年に導入された「介護保険」でさえ、その前提を踏襲している。

「はじめに」でも述べたように、その前提とは次の二点である。

①大人がフルタイムで働けば、家族が人並みの生活をするのに十分な収入が得られる（ワーキングプアは存在しないこと）。

②将来の仕事や家族のあり方が、ほぼ「予測」できる（ライフスタイルの予測可能性）。

一つ目の前提は、家族の中で少なくとも一人がフルタイムで仕事をしていれば、経済的に十分な収入が得られ、その一人に扶養されている家族は人並みの生活を送れ、貧困状態には陥らないというものである。仕事は、企業等の被雇用者でも自営業者でもよい。これを前提にすると、社会保障・福祉制度では、家族の中に一人でも就労している大人がいれば何の問題もないとされ、家族の中で就労している人が一人もいなくなったときに、初めて、社会保障や福祉の出番になるというシステムである。

二つ目の前提は、仕事においても、家族生活においても、そのライフコースがほぼ予測できるというものである。予測されるライフコースを、「モデル家族」と呼んでおく。それには、「自営業型」と「サラリーマン―主婦型」タイプの二つがあり、性別によって意味が異なる。まず、仕事においては、男性であれば「誰でも望めば」、正社員（公務員）か自営業の跡継ぎ（起業も含む）になれ、定年になるまで勤め続けたり、子ども夫婦が引き継ぐまで事業を続けることができるというものである。そして、女性であれば「誰でも望めば」、サラリーマンか自営業の跡継ぎ男性と結婚できて、自分が外で働こうが働くまいが、自分を経済的に支えてくれる家族（夫）が得られ、離婚することはないというものである。つまり、学校卒業後、若者は、自らその道を外さない限り、

「サラリーマン―主婦型」か、「自営業型」のライフコースを歩んで、老後を迎えることができるという前提である。

戦後日本の社会保障・福祉制度の理念

大人がフルタイムで働けば人並みの収入が得られること、そして、ほとんどの人が「サラリーマン―主婦型」か「自営業型」のライフコースをたどることを前提にして、戦後日本の社会保障・福祉制度が構築されてきたことは、第I部でもたびたび触れてきた。

この前提に基づくと、政府は、次の二つの場合に対処する社会保障・福祉制度のシステムを構築しておけばよかった。一つは、標準的ライフコースをたどる人でも一般的に生じるリスク（長寿、病気、失業）に対処するための「公的保険」である。もう一つは、不運にも標準的ライフコースをたどることができない人用の「公的扶助」（一般的な意味での社会福祉）である。[1]

その反面、自らの意志で標準的ライフコースを外れたと見なされる人は、放置されることになる。

標準的ライフコース前提の公的保険

まず、標準的ライフコースをたどったときでも、一般的に生じるリスク（自分で望まないにもかかわらず、陥る可能性がある危険）がある。それに対処するものが公的保険である。高齢になって働けなくなったときの年金制度、一時的に病気になったときの健康保険制度、一時的に失業したときのための雇用保険などである（ハローワークなどの就職支援制度もこれに含めてよい）。誰でも、長生きしたり、一時的に健康を害したり、倒産などで職を失うというリスクがある。そのときに備えての保険制度として、これらの公的保険制度が存在している。逆に、一般的に生じると想定されるリスクが公的保険制度によってカバーされていると言った方が正しいかもしれない。

想定されたライフコースをたどっている限り、誰でも保険料を負担できる程度の収入を稼げる（正確に言えば家族の中に誰か保険料を負担できる人がいる）こと、および、健康で働く意欲さえあればまともな収入を得られる職を「必ず」見つけられるという前提に基づいている。

つまり、標準的ライフコースをたどった結果としての高齢期の生活保障、および、標準的ライフコースを一時的に外れそうになった場合、標準的ライフコースに戻るまでの一時的な生活保障を「公的保険」によって行おうとするものである。

最低生活に転落することが条件の公的扶助

もう一つは、セーフティーネットにかかわる制度である。それは、働きたくても働くことができない人、そして、標準的ライフコースから不幸にも外れてしまった人に対して、税金を原資として、最低限の生活を保障する制度である。これは一般的には社会福祉、専門的には公的扶助という言葉が使われる。生活保護が代表的制度である。障害者や母子家庭（幼い子どもを抱えた母親）は、フルタイムで働く意志があっても、その身体的、家族的条件から、まともな収入を得られる仕事に就くことは困難と見なされるので、別立てで福祉制度が構築されている。

逆に言えば、標準的ライフコースから外れていなかったり、働く条件が整っている人に対しては、いくら本人が低収入で生活に困っていても、生活保護は適用されない。なぜなら、その人を養ってくれる人がいたり、その人が働けば生活できる収入が稼げるという前提に立っているからである。例えば、父子家庭には何ら特別な配慮はない。また、資産や貯金を持っている人、年金収入が生活保護基準を超える人にも生活保護は適用されない。公的扶助は、最低限の生活を保障するものであって、最低限以上の生活をすることをサポートする仕組みではない。

つまり、生活保護とは、最低限以下の貧困生活に現に転落しており、働けない状態にあると見なされ、貯金や資産など必要以上と見なされるあらゆるものを失って初めて受給でき、最低限の生活を少しでも超えるような生活をすることは許されないという制度なのである。最低限以上の生活をしたければ、公的扶助を受けずに、すべて自分の収入で生活しなければならないのだ。[2]

二つの前提条件のゆらぎ

一九九〇年代後半から、日本社会が構造的な転換を遂げる。次章で詳しく述べるが、経済的には、グローバル化、オートメーション化、ＩＴ化、サービス化、知識産業化など、経済の基本的なあり方が大きな変貌を遂げる。その結果、非正規雇用労働者が増え、伝統的自営業が衰退する。これは「低収入」の仕事が増えたということだけでなく、将来にわたって人並みの収入が稼げるかどうか、予測不可能になったことを意味する。家族生活の分野では、未婚化や離婚の増大が起き、家族形態が多様化する。それは、若者にとって、自分が将来結婚できるのか、結婚してもそれが一生続くかどうか、そして、特に女性にとっては結婚相手の男性が人並みの収入を稼ぎ続けられるかどうか予測がつかなくなるということである。つまり、自分が「標準的ライフコース」をたどりたくても、たどれない確率が高まっている。

その結果、「はじめに」で述べたように、現在の社会保障・福祉制度では、「想定外」のことが起きている。それは、次の二つの事態である。

①ワーキングプアという「フルタイムで働いても人並みの生活が可能な収入を得られない人々」が発生していること（ワーキングプアの出現）。

②雇用や家族形態が多様化するだけでなく、リスク化し、その結果、自分の将来の仕事や家族の状況が「予測不可能」になること（ライフコースの不確実化）。その結果、標準的ライフコースをたどりたくてもたどれない人が増大していること。

この両者が組み合わさり、ワーキングプアになってしまうリスク、つまり、フルタイムで働いても、家族にフルタイムで働ける人がいたとしても、人並みの生活が成り立たなくなるリスクが高まっているのだ。

現在の社会保障・福祉制度の根本的欠陥

以上二つの事態に対して、現行の社会保障・福祉制度では、対応不可能なのである。具体的にどのように対応不可能であるかについては、第I部で、例をあげ、個々の制度に空いた穴を指摘してきた。そして、そのような穴が空いたのは、社会が変化しているのに、現行の社会保障・福祉制度の原理原則では、その変化に対応できないからである。つまり、個々の制度の穴を埋めればよいというものではない。現行の社会保障・福祉制度に、根本的欠陥が生じているのである。その欠陥を一言で言えば、「標準的なライフコース」と「最低限の生活保障」の間を埋めるものがないということに尽きる。

従来の社会保障・福祉制度は、標準的ライフコースをたどることができる人が人並みの生活を送り続けることを保障するように作られている。そして、標準的ライフコースから外れた人を一律、最低限の生活保障に落とし込むという仕組みをとっている。

いま、増大しているのは、標準的ライフコースをたどることができない、とはいえ、働けないゆえに自力では最低限の生活ができないまでに落ち込んでいるわけではないという人々である。標準的ライフコースと自立して生活することが不可能な人々の中間に落ちている人々に対して、いまの社会保障・福祉制度は、なすすべがない。なぜなら、そのような状態が存在することを想定していないからである。

その結果、「はじめに」で述べたように、貧困状態に陥ったり、将来貧困状況に陥るのではないかという「不安」が増幅される。特に、日本では、①も②も、社会に出たばかりの若年者に対して大きな「被害」を及ぼしている。その結果、少子化をはじめとしてさまざまな社会問題が、若者に集中して生じているのだ。

まず、①ワーキングプアの出現、および、②ライフコースの不確実化の実態と原因を、簡単に考察しておこう。それにより、いま空き始めている社会保障・福祉制度の穴が、決して偶然にできたのではないことを示したい。そして、これからの社会保障・福祉制度は、ワーキングプアが存在すること、そして、ライフコースが不確実化していることを前提とした制度設計にしなければならないことを明らかにしていきたい。

・注

1．社会保障制度の入門書としては、椋野美智子・田中耕太郎の『はじめての社会保障』(毎年改定される)がすべての制度を網羅して優れたものである。ただ、標準的ライフコースから外れた場合の記述は極めて少ない。

2．生活保護の捕捉率が低い（受けられる条件が整っているのに受けていない）ことは、社会保障関係者の中ではよく知られた事実である。

一一章　ワーキングプア増大の原因と意味

低賃金単純労働者の増大

ワーキングプアが増えた理由は、雇用が不安定で昇進がない低賃金労働者が、想定する範囲を超えて増大したからである。そして、低賃金労働者が増大した原因は、資本主義の構造転換によって、資本主義経済の労働システムが大きく変化したからである。

資本主義社会のうち工業中心の時代は（日本では、戦後の高度経済成長期から一九九〇年頃まで）、大量の熟練労働者を必要とした。そのため、男性労働者は、就業したての若い間は単純作業に従事していても、徐々にトレーニングを受けて熟練労働者となり、昇進することで収入が上がっていった。企業も自分の会社の中で熟練労働者を育てることが必要だった。

しかし、資本主義が高度化すると、低賃金労働者が大量に出現することは、労働経済学者のロバート・ライシュが、一九九〇年の段階ですでに指摘している（『The Work of

Nations』)。後に、ライシュは、低賃金労働者を大量に生み出すようになった経済をニューエコノミー、そのような社会を「超資本主義(super capitalism)」と呼んだので、それを踏襲しておく。[1]

低賃金でかつその地位が不安定な(いつその雇用を失うかわからない)労働者、つまり、ライシュらによって指摘された低賃金にとどめ置かれる仕事、バウマンが言うようにいわゆるその収入だけでは人並みの生活ができない仕事は、大きく分けて次のようなカテゴリーになる。[2] そして、その多くは、低収入で、将来の保障もない不安定な職になっている。

①製造業における単純作業(製品の組み立て、検品、運搬、清掃など)。オートメーション化された機械の手足となって働くことを要求される。

これらは、日本においては、工場において期間工や派遣工、さらには日雇い派遣などで雇われることが多い。

②販売、サービス業における単純作業(ファストフードやスーパー、コンビニの販売・接客、チラシ配布、運送など)。マニュアルどおりにサービスすることを要求される。

商店やレストランなどでは主にパートやアルバイト、また派遣社員として雇われる。

③事務作業における単純作業(資料整理、データの打ち込み、オペレーターなど)。主に

パソコンの手足となり正社員の指示どおりに働くことが要求される。

民間企業では契約社員やパートや派遣、アルバイト、公共団体では嘱託職員として雇われる。

④対人サービス業の一部（介護士、保育士など）。家族であれば誰でもできると思われている日常的な世話を代行することを要求される。人間の世話という仕事の性質上、生産性を大きく上げることは難しい。

一昔前は正規の公務員、職員であったが、現在では、事業所（介護サービス法人や民間保育園）の正規職員でも低賃金であり、非正規雇用だとさらに低賃金になっている。

⑤自営ワーキングプア（小規模で従来どおりの仕事をしている農家、商店、サービス業主、歩合制のタクシー運転手なども含まれる）。規模の拡大ができず、商品の低価格化に対応することができず、また、付加価値の高い商品やサービスを提供することができないため、徐々に収入が低下する。

⑥高学歴ワーキングプア（非常勤講師、カウンセラー、ピアノ教師など）。単純とは言えないが、多くの現場では、彼らの潜在能力に見合うような高度な仕事は要求されない。このカテゴリーに関しては、本章の主題から外れるので、その実態、対策に関しては、第I部三章を参照していただきたい。

これらの仕事のほとんどは、仕事を覚えるのにそれほど時間がかからない（高学歴ワーキングプアを除く）。それゆえ、常に労働供給過剰の状況になる。[3] グローバル化のおかげで、労働者が先進国内で不足すれば、工場やコールセンターの発展途上国への移転という形で資本が逃避するか、介護労働のように発展途上国から労働者を受け入れるかして、解消可能だと思われている。そして、仕事をしていてもスキルアップにつながらないから、低賃金から抜け出すことはできない。そして、仕事の需要が変動し、需要がなくなれば仕事を失う調節弁としての不安定な職である。また、非正規労働者は、ばらばらに存在しているし、立場もさまざまで、お互いに連携する手段が乏しいので、団結して企業等に待遇改善を要求する交渉力に欠けている。[4]

ワーキングプア増大の理由

これらの職が増大したのは、資本主義経済において、グローバルで高度に科学技術化された資本主義（超資本主義）が成立した結果である。ライシュは、グローバル化に適応した労働者と乗り遅れた労働者と言っていたが、乗り遅れた労働者であっても、低価格の商品、サービスを生産するために、企業にとって必要な存在となっている。

ライシュの議論を下敷きにして、ワーキングプアの増大の原因をまとめれば、次の四要素を指摘できる。

①科学技術の発達（オートメーション化、IT化[5]）
②消費者の要求の増大（コスト削減圧力）
③グローバル化（コスト削減圧力）
④雇用と産業の規制緩和（非正規雇用の解禁と産業保護の撤廃）

そして、これらの傾向が進むと、ニューエコノミーにおける労働者は、生産性の高い労働者（専門的で知的な仕事に就く労働者）と生産性の低い労働者（機械やマニュアルの手足となって働く労働者）に二極化し、その間の溝が広がる。この詳しいロジックは、ライシュやバウマンの著作や、拙書『希望格差社会』『新平等社会』などを参照いただきたい。ここでは、社会保障・福祉制度に関係する範囲で、生産性が低く単純な仕事が必要になる状況を簡単に述べておく。

まず、科学技術の発達により、機械にはできない仕事の需要が高まる。そして、機械にできないのは、設計や製品開発などの知的な仕事だけでなく、あまりに単純すぎる仕事なのである。工場ではオートメーション化が進む。すると、製品は機械が作るが、製品を検品したり、運搬するなどの仕事は人間がしなくてはならない。コンピューターが導入されると、計算や分類はコンピューターが行う。その代わり、データの打ち込みという単純労働が人の手に残される。ＰＯＳシステムが導入されると、コンビニやスーパーなどでは、商品を並べたり、単にバーコードを読み取ってお金をレジに入れるだけでよい労働者が必要になるのである。これらの機械に使われる仕事は増えることはあってもなくなることはない。

消費者は、よい製品やサービスをできるだけ「安く」買うことを求める。企業や商店が安い商品を提供しようと思えば、機械化を進め、流通経路を合理化し、人件費を安くする必要に迫られる。さらに、消費者は、家事代替的な対人サービスに対して、お金をかけない。その結果、単純労働者の賃金低下の圧力が加わる。

グローバル化もコスト削減圧力を大きくする。製品だけでなく、資本や労働力が自由に国境を越えて移動できるようになると、単純労働は発展途上国の労働者との競争状態に置かれる。発展途上国に工場を建てたり、発展途上国から労働力が流入すれば、先進国では労働者の賃金低下圧力となる（逆に発展途上国では、労働者の収入や待遇は改善し、世界全体で見れば、グローバル化は貧困を減少させているともいえる）[6]。

そして、産業や労働の規制緩和が決定打となる。国内からの資本逃避を避けるために、そして、安いものを求める消費者の要求により、政府は、産業や雇用の規制緩和に走る。[7] 単純労働者の賃金は低いまま抑えられ、アルバイトや派遣などいつでも解雇可能な不安定な職が増える。産業の規制がなくなれば、いままで保護されてきた小規模な自営業（農家、小規模小売業）や、タクシー運転手のような、歩合制の雇用者の収入が低下する。さらに、いままで公務として行われてきた福祉的対人サービスの市場化により、新たに採用される保育士や介護労働者の賃金は低下する。

そして、最大の問題は、これらの仕事は商品の生産・流通・販売のために必要な仕事なので、なくすことはできないということである。検品しないでテレビや車を出荷すれば、消費者からクレームがつく。そして、検品をする労働者に高い賃金を払うと、製品やサービス価格が高くなり、消費者は誰も買わなくなるのである。

ワーキングプアの日本的特徴

これらの傾向は、先進国にはおおむね当てはまる。拙書『新平等社会』で考察したように、一九八〇年代から九〇年代にかけて、賃金の格差拡大は、英米から始まり福祉国家で知られる北欧諸国に至るまで、多くの先進国で起こっている。それは、経済の構造転換に伴って、低賃金労働者の需要が増大したことでもたらされた。[8] その結果、先進国では、さまざまな形でワーキングプアが出現し、彼らをどのように社会に統合していくかが大きな課題になった。[9] その過程で、さまざまなワーキングプア支援策や社会保障・福祉制度の改革が試みられた。北欧やオランダなど、相対的に規模が小さい国で、ワーキングプア対策がある程度成功していると見られているが、多くの先進国では対策に苦慮しているのが現状である。

日本では、低賃金労働者の出現に関して、他の先進国と比較すると、次の三つの特徴がある。

①新しい経済が短期間に浸透した

自殺者の急増が一九九八年に起こったことから、私が「一九九八年問題」と呼んだように一九九〇年代後半は、日本社会の大きな構造転換期であった。この時期に、自殺の急増、フリーターなど非正規雇用、できちゃった婚、ホームレス、離婚、生活保護、児童虐待、自己破産の増大に象徴されるように、さまざまな社会的指標が急速に悪化し、二〇〇〇年に入って高止まりする。社会統計を見ると、同じバブル後の日本社会と言っても、一九九〇年代前半と二〇〇〇年以降では、まったく別の社会であるかのように見える。

これは、新しい経済が、一九九〇年代後半という短い間に、急速に浸透したことを意味している。その象徴的出来事が、一九九七年の金融危機だったのだ。グローバル化に象徴されるニューエコノミーの波を堰き止めていたものがもたなくなり、日本も「超資本主義」の世界に巻き込まれていった。

一九九〇年代後半に、インターネットや携帯電話の普及に代表されるような産業技術の大きな革新が起きる。金融危機、そして、公共事業削減によって、従来型企業の正社員が削減され新卒採用を大幅に減少させ、非正規雇用者採用が増加する。IT化、サービス化の流れが加速し、その波に乗り遅れた伝統的企業、自営業は衰退する一方、新興企業は非正規社員を多く雇用する（例―小規模商店からコンビニへ）。また、産業の規制緩和（大型店の出店規制緩和など）によって、政府の保護がなくなった伝統的自営業は立ちゆかなくなる。そして、労働者派遣法改正に代表されるように、雇用の規制緩和が行われ、企業は単純労働者を正社員として雇う必要がなくなる。その結果、正社員数は減少する。

つまり、科学技術発達による単純労働者の需要増加、金融危機による企業（公共団体）のコスト削減圧力の強まり、産業と雇用の規制緩和がこの時期に一気に進んだのだ。

その結果、低賃金の非正規雇用者と営業収入の減少に直面する自営業者が急速に増え、ワーキングプアが増大することになる。

さらに、リーマンショックが起きた二〇〇八年後半には、需要減による生産調整に伴って、ワーキングプアが仕事さえ失い、社会保障制度が整っていないため放置される事態になり、その不安定さが改めて浮き彫りになった。

②若者につけが回った

一九九〇年代後半から、グローバル化、IT化、そして、産業、雇用の規制緩和が起き、雇用の二極化が鮮明になり、低収入の定型労働への需要が高まる。日本では、その需要を一手に引き受けたのが、社会に出たての若年者である。一九七五年生まれの人は、一九九〇年代半ばに学校を卒業し就職期を迎える。その時期に、新卒の正社員採用は減少、特に、高卒での正社員採用が激減する。そして、彼らが、新たに発生した低賃金労働の需要に応えざるをえず、非正規雇用者として働く。つまり、若年のフリーターや派遣社員になったのである。本書執筆時点（二〇〇九年）では、彼らは、三〇代前半になっている。彼らが、いわゆるロストジェネレーションと呼ばれる人々なのである。それ以降も、多少大学卒の正社員採用は回復しても、あらゆる学校種の卒業者の全員を正社員として抱える余裕は、日本経済になくなっている。かつ、日本は、「新卒一括採用」が一般的で、中途採用も実質的に他社で経験のある正社員のみに限られている。新卒での就職に失敗、もしくは、技能を蓄積しないまま職を失い、非正規雇用になってしまうと、正社員になれる確率はたいへん低くなる。さらに、日本は、法律上、そして、慣習的に正社員保護が強く、一度正社員になると、よほどのことがない限り、雇用や給与は保障される。その結果、正社員（公務員）になれなかった若者に、低賃金化のしわよせのほとんどが回ってしまうのである。

欧米でも、低収入単純定型労働への需要が高まり、若年者が大きな被害を受けた。若者の就職難は日本だけでなく、先進国共通の問題である。しかし、欧米では、中高年の労働者も解雇や低賃金化の圧力が加わった国が多い。さらに、増えた低賃金労働のかなりの部分を外国人労働者に担わせている。例えば、ロサンゼルスのファストフードで働いている人の多くはラテンアメリカからの労働者であり、介護施設ではフィリピンからの出稼ぎ女性が働いているのである。

日本では、工場で働くブラジルなどからの日系人（二〇〇七年で約三五万人。二〇〇八年のリーマンショック以降失職が相次いでいる）、そして、研修生の名目で最低賃金以下で働かされるアジアなどからの労働者を除けば、外国人の単純労働者を排除していたので、新たに増大した単純で不安定な労働の大多数を一九九〇年代後半から社会に出た若者に担わせることになったのである。日本語が話せる若年者が低賃金で雇えるのなら、わざわざ外国人労働者を受け入れる必要がなかったともいえる。

そして、伝統的自営業の衰退の被害も若者に及ぶ。日本の自営業は、農家にしろ、小売業にしろ、町工場にしろ、一家総出の家業として行われてきた。従って、自営業が衰退すると、その跡継ぎとして期待されていた若年の息子の行き場がなくなるのである。学校卒業前に事業継承を断念すれば、就職に間に合うだろうが、跡継ぎとして働き始めた後、自営業が立ちゆかなくなると、行き場がなくなり、やはり、ワーキングプア化してしまうことになる。

③隠されたワーキングプア

三番目の特徴として、日本では、ワーキングプアが家族の中に隠されていることがあげられる。日本では就労者をベースにすると、低賃金労働者が極めて多い。それが大きな問題にならないのは、低賃金労働者がパートタイムの主婦、そして、若者ならパラサイト・シングルとして、収入が比較的高い同居家族に経済的に支えられていることが多いからである。離婚や夫の失業によって夫に支えられることができなくなったり、不和や親自身の経済破綻によって親にパラサイトできなくなり、自立せざるをえなくなったときに初めて低収入者がワーキングプアとなって、生活苦に晒されるのだ。

それゆえ、潜在的なワーキングプア率（低収入者の割合）は極めて高いのにもかかわらず、それが社会問題として取り上げられることはなく、二〇〇〇年代前半が過ぎてしまった。これは、日本のワーキングプア対策の失われた一〇年と言ってよいだろう。その頃までは、中年男性や高齢の親の経済力が比較的保たれ、彼らを支えることができたからである。

二〇〇五年以降、貧困問題がこれほどクローズアップされているのも、もう、低収入者を支える余裕がない家族が増大し、顕在化して、表に出てきたことが原因なのである。

・注

1．ライシュ（『勝者の代償』二〇〇二）（『暴走する資本主義』二〇〇八）参照

2．ライシュ（『勝者の代償』二〇〇二）バウマン（『新しい貧困』二〇〇八）参照

3．バウマンは使い捨て人生（wasted lives）と呼んだが、実際、二〇〇八年のリーマンショック後の製造業派遣の解雇は、まさに、使い捨ての調節弁として、非正規労働者を使

っていることがわかる。

4. カール・マルクスや毛沢東は、ルンペン・プロレタリアートと呼ばれる不安定な労働者は、組織化の契機がないゆえに革命の主力にはならないことを強調していた。日本でも、ユニオン化の動きがあるが、参加しているのは非正規雇用者の中でも圧倒的少数である。

5. ライシュ（『暴走する資本主義』二〇〇八）は、軍事技術の転用によって、科学技術の発達のスピードが増したことを強調している。

6. グローバル化は、発展途上国の能力のある人にとっては朗報である。先進国でも発展途上国でも国内格差は拡大するが、全体としての経済格差は縮小する。サスキア・サッセンは、先進国の中に途上国部分が出来、途上国に先進国的部分ができると述べる（サッセン『グローバル・シティ』二〇〇八）。

7. 果たして、社会保障や雇用の切り下げ（race to the bottomと呼ばれる）が、グローバル化による競争力の確保につながっているかに関しては、研究者の間でも、肯定的、否定的見解双方がある。

8. アンソニー・ギデンズ、パトリック・ダイアモンド（編）The New Egalitarianism（二〇〇五）に詳しい。

9. エスピン＝アンデルセン（『ポスト工業経済の社会的基礎』二〇〇〇）は社会的分断の危機を、ジョック・ヤング（『排除型社会』二〇〇七）は、社会的排除が始まっていることを強調している。

10. 日本では、戦後の高度経済成長期にも、生産性の低い自営業が政府規制のおかげで残り続けた。これが、失業しても親の跡を継ぐという形で、一種のセーフティーネットを構成していた。しかし、今は、もうセーフティーネットどころではなく、小規模自営業の存続自体が危ぶまれている。

一二章　ライフコースの不確実化

標準的ライフコース

自分が将来、どのような仕事をし、どのような家族形態をたどるか、つまり、どのようなライフコースをたどるかは、人生における大問題である。そして、人生のあらゆる時期に、貧困状態に陥らず、人並みの生活ができることを望み、社会がそれをサポートすることが求められる。エスピン＝アンデルセンが、人生につきまとうリスクを防ぐことが社会政策の役割の一つと述べているとおりである。[1]

従来の社会保障・福祉制度においては、ほとんどの人が標準的ライフコースを送ることが可能であることを前提に人生のリスク回避の制度が構築されている。前章までに何度も言及したように、標準的ライフコースには、①サラリーマン―主婦コースと②自営業コースの二つがある。このおのおののコースの中身と、それが成り立つ前提条件を、男女別に分けて考察してみよう。

①サラリーマン—主婦コース

このコースは、よく将来の年金受給額や税制改革などを試算する際に用いられるもので、「モデル家族」と呼ばれることもある。厚生年金や組合健康保険の前提となるライフコースである。

男性は、学校卒業と同時に企業に正社員として就職する（公務員も同じ）。結婚して妻は主婦となり、子どもを産み育てる。定年まで同じ企業に勤め続け、退職する。子どもは自立する。妻より先に亡くなる。

女性は、学校卒業後に企業等に勤めたり、親の家業を手伝っているが、正社員男性と結婚する。結婚か出産をきっかけに退職し、それ以降は正社員としては働かない。家事や子どもを育て、子どもを自立させる。夫より長生きする。

②自営業コース

このモデルは、高度成長期以前の日本の典型的な家族形態であった、農家や小規模商店など、家業を一家全員で営む場合に対応するモデルである。

男性は、親が経営する自営業の跡継ぎとして家業に従事し、親の引退後は親を扶養しながら自営業主となり、育てた息子を跡継ぎとし、嫁を迎えて、働けなくなったら引退し、息子夫婦の世話になる。

女性は、学校卒業後、企業等に勤めたり、親の家業を手伝っているが、自営業の跡継ぎの男性と結婚する。家業を手伝いながら、子育てと家事をこなし、息子夫婦に跡を継がせて、働けなくなったら引退して、息子夫婦の世話になる。

日本の社会保障制度は、このどちらかのコースをたどることを前提として、組み立てられていることは、繰り返し述べてきたことである。

若年期、子育て期、高齢期

通常のライフコースをたどった場合でも、自立するに足る収入を稼ぐことが難しくなり、貧困に陥るリスクが高くなる時期がある。それが、若年期、子育て期、高齢期である。戦後から一九九〇年頃までの社会では、さまざまな条件のおかげで、そのリスクが顕在化せずにすんでいた。

社会に出たての若者は、仕事のスキルがまだ不十分なため、自活できる収入を稼ぐことができにくい時期である。しかし、若年期の問題は、二一世紀を迎えるまでは、日本ではほとんど問題にならなかった。一つは、学校卒業後、男女ともに望めば企業の正社員になれ、相当の収入を得ることができたこと、および、日本では学校卒業後も親と同居する習慣が強く、経済的に安定した親との同居がセーフティーネットとして働いたことである。自営業コースの多くは、息子が跡継ぎとして親と一緒に生活しながら働くので、これも問題はなかった。

子育て期は、結婚した夫婦にとっての一つの危機である。夫婦のどちらかが子どもの世話をする必要があり、また、お金もかかる。しかし、従来は、①サラリーマン—主婦コースにしろ、②自営業コースにしろ、標準的ライフコースをたどっている限り、大きな心配はなかった。サラリーマン—主婦コースでは、子育て中でも正社員男性が安定した収入を確保でき、主婦は子育てに専念できた。年功序列で正社員男性の収入は、子どもの成長とともに増大し、教育費を自己負担できた。また、農家や商店など自営業コースでは、同居する祖父母のサポートが期待でき、自宅での作業が多いため、女性でも家業に従事しながら子育てするのは比較的容易だった。夫の収入を補うために働く必要のある主婦、もしくは自営業に従事する主婦などのために、保育園が整備されていた。それゆえ、保育園は日中世話する人がいない子どものための「措置制度」であったのだ。[2]

身体的に従来どおりの働きができなくなる高齢期も一つの危機であり、特に、長寿時代には、高齢期が長く続く。これも、従来は、第I部の七章で述べたように、サラリーマン—主婦コースでは、退職後も自立して生活可能な厚生年金が得られ、自営業コースでは、元気な限り働いて収入を得られる上、同居する跡継ぎの息子夫婦の世話が期待できるので、これも大丈夫であった。

職業上の前提の崩壊

この標準的ライフコースをたどるために必要な職業上の前提と、それが現在成り立たなくなっている様相を示そう。

それは、男性であれば全員が、学校卒業時に、企業の正社員（公務員も同じ）、もしくは、自営業の跡継ぎになれるという前提がある。それに加え、企業に勤めた男性は、同一企業に正社員（公務員も同じ）として働き、妻子を養うに足る給与を得ながら、家を建て、子どもを高等教育に進ませ、十分な厚生年金がもらえる歳まで勤めることができるという前提である。[3] これは、「新卒一括採用」「終身雇用、年功序列賃金」「生活給」などと表現されてきたものである。そして、自営業コースの場合は、自営業経営は安定して存続し、一家で働けば生活を送るのに十分な収入が得られるという前提である。

現在、この職業上の前提が成り立たなくなっている。それは、新しい経済の浸透によって、収入が安定しかつ増加が期待できる正社員の絶対数、および、自営業者の必要絶対数が減少していることに起因する。つまり、ポスト不足である。それは、前章で述べたように、特に若年者に大きな被害を及ぼしており、学校を卒業した若者が、将来どのような職業キャリアをたどるか、女性はもちろん男性でも予測できなくなっている。

まず、学校卒業時に、(希望すれば全員が) 企業の正社員(公務員)になれるという前提が成り立たなくなっている。特に、高校中退など学歴が十分でない層の正社員としての就職が難しくなっている。それゆえ、不安定な非正規雇用に就かざるをえない新卒者(中退者)が増大し、一度非正規雇用になると正社員として就職することは難しい状況になっている。

一度、正社員として就職しても、企業の倒産、リストラ、仕事が合わないなどの理由で、職を失うケースが増える。そして、一度職を失った人が正社員として再就職することも難しくなっている(図表12—1参照)。

また、正社員であっても「名ばかり正社員」という言葉ができたように、昇進や収入増加が期待できず、妻子を養うのに十分な収入を得られる見込みがない正社員が、特に若年層を中心に増大する。

図表12-1　前職から現職への雇用形態の変化

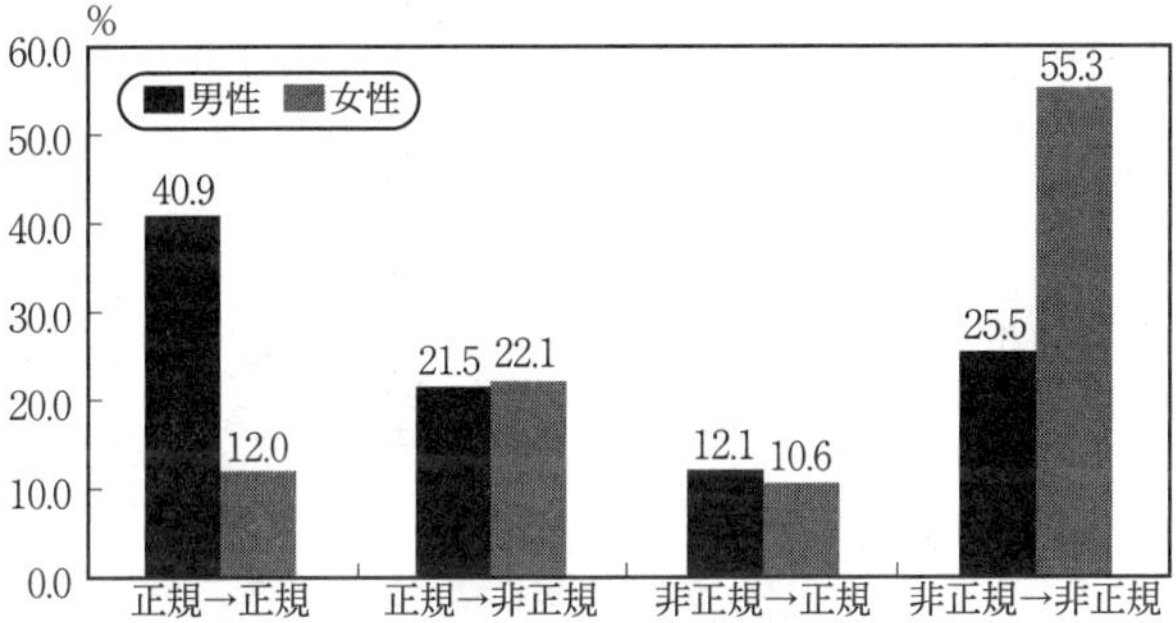

出所：総務省「就業構造基本調査」（平成19年）
注：1）平成18年10月以降に現職に就いた前職及び現職が雇用者の者。
注：2）前職の雇用形態が「会社などの役員」または現職の雇用形態が「会社などの役員」の者を含む。
注：3）雇用形態の変化が不明な者を除いて100としている。

次に、自営業に関しては、農家や小規模小売業では政府による保護が縮小し、業界の規制緩和により価格競争に晒されることによって、収入の増加どころか、現状の収入の維持でさえ難しくなるところが多くなる。印刷などの工業でも、IT化や高付加価値化に乗り遅れた零細企業での、廃業、倒産が増えている。その結果、自営業の跡継ぎであっても将来にわたる安定した収入が期待できず、また、跡継ぎの確保が難しくなる自営業者が増える。つまり、多くの自営業が世代を超えて存続するという前提が成り立たなくなっている。

新たな働き方として、起業したり、フリーランスになることに社会の期待が集まっている。しかし、現実には、起業やフリーで成功して十分な収入を稼ぐことができるのは少数で、多くは最低賃金レベルの収入を得ることさえ難しい状況にある。

つまり、ワーキングプア（その予備軍である家族に経済的にサポートされている低収入者）が増大し、そうなるリスクが高まり、若年期、子育て期、高齢期に、自立するに足る十分な収入を得られない人々が増大しているのである。

家族上の前提の崩壊

次に、標準的ライフコースをたどるための家族的前提と、それが成り立たなくなっている現状を見てみよう。特に、これは、女性の生活にとって、重要な意味を持ってくる。なぜなら、標準的ライフコースにおいては、女性は父や夫や息子などに経済的に扶養されることを前提として、社会保障・福祉制度が組み立てられているからである。

まず、結婚に関しては、従来の社会保障・福祉制度では、全員が若年期に結婚でき、離婚しないという前提に立っている。特に自営業においては、跡継ぎの息子（もしくは娘が婿を取って跡継ぎを確保する）という前提がある。そして、夫婦とも、サラリーマン—主婦コースでは定年、もしくは、自営業であれば跡継ぎが成長するまで存命し、多くは夫が先に亡くなることを想定して制度が設計されている。

しかし、いま生じているのは、このような前提が崩れていることである。特に、これから社会に出る若者にとって、将来、どのような家族形態をたどるか予測できなくなっている点が重要である。

まず、配偶関係から見てみよう。一九三〇年生まれの人は、だいたい、九七％が結婚し、離婚経験者は約一〇％程度である。しかし、国立社会保障・人口問題研究所の二〇〇八年の予測を見ると、一九八〇年生まれの女性の生涯未婚率は、二二・五％、無子率は三五％になると予測されている。男性の生涯未婚率は二九・五％にまで達する見込みである。男女合わせれば、生涯未婚率は四人に一人という予測である（図表12―2参照。文庫版註：二〇一〇年現在、男性生涯未婚率は二〇・一四％、女性一〇・六一％と上昇中である）。

そして、未婚者の結婚希望率は九割前後であり、未婚者の多くは結婚したくてもできない人であることがわかる。

離婚に関しても、一九九〇年代、経済の構造転換とともに離婚数、率ともに上昇し、二〇〇〇年代には二五万組を超え、結婚数の三分の一を超えている（図表12―3参照）。若者は、結婚しても三組に一組程度は離婚に終わる計算になる。正式な離婚だけでなく、別居で生活を別にするケースもある。結婚したからといって、それが一生続くとは見な

図表12-2　生涯未婚率の推移

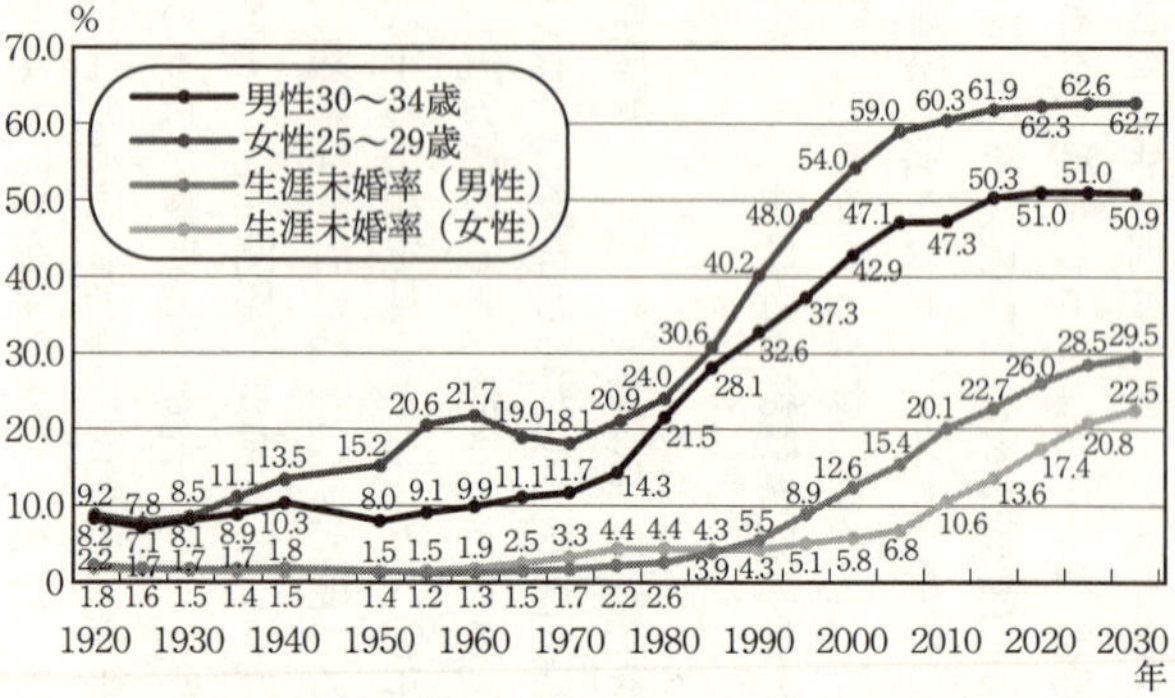

出所：総務省「国勢調査」（平成22年）及び国立社会保障・人口問題研究所「日本の世帯数の将来推計（全国推計）（平成20年3月推計）」

注：1）2010年までは「国勢調査」、2011年以降は「日本の世帯数の将来推計」による。

注：2）生涯未婚率は、50歳時点で一度も結婚をしたことがない人の割合であり、2010年以降は、45歳～49歳の未婚率と50歳～54歳の未婚率の平均。

図表12-3　離婚件数・離婚率の推移

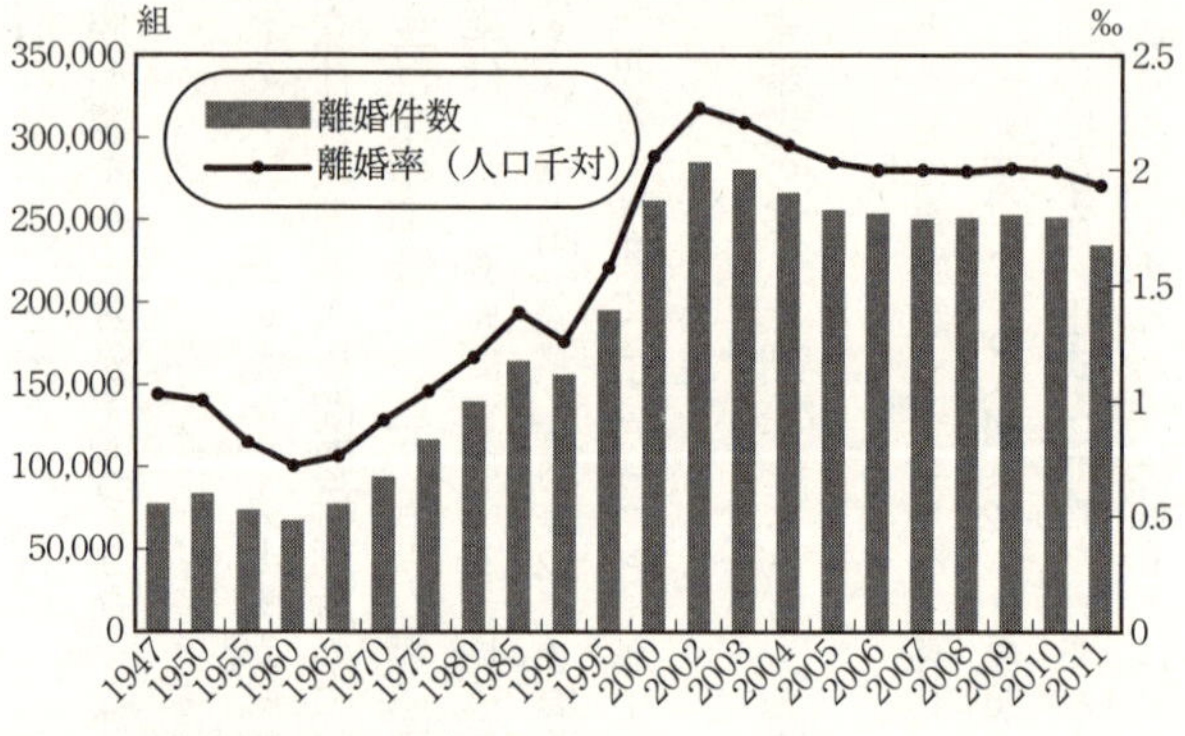

出所：厚生労働省「人口動態統計」

せない時代になっている。

次に、子育て状況を見てみよう。近年、できちゃった結婚と呼ばれる婚前に妊娠し出産までに結婚届を出すという結婚（妊娠先行結婚）が増え、第一子の四分の一になっている。特に、女性が二五歳未満の場合、生まれた子供の約半数が妊娠先行結婚によるものである。これも、予測できずに結婚・子育て時期を迎える事態が増えていることになる。そして、毎日新聞人口研究所の調査による私の分析によると、妊娠先行結婚の場合、結婚後妊娠した場合に比べ、平均的に言えば夫の収入は少なく雇用形態も不安定な傾向がある[4]。

標準的ライフコース、つまり、サラリーマン―主婦コース、自営業コースをたどったとしても、生活状況が苦しくなるリスクも高まる。先に述べたように、夫が正社員や自営業主であっても、収入が十分でなくなる場合が出てきている。子育て期の経済状況が極めて不安定になる。

そして、子育て期を乗り切ったとしても、育てた子ども自身が自立するに足る収入を稼げるかどうかわからず、結婚するかどうかわからず、結婚したら同居するかどうかも予測できない。自分の子どもが、将来どのような生活を送るのかもあらかじめ予測できなくなっている。

高齢期に関しては、第Ⅰ部の七章で詳しく述べたので繰り返さない。

男女共同参画は必要だが、それだけでは不十分

男性の収入の低下、不安定化、および、家族形態の予測不可能性の増大に対して、雇用労働に女性が従事するという意味での「女性の社会進出」が切り札になると期待されている。そのため、一九八五年に成立した男女雇用機会均等法などさまざまな政策によって、就職差別、結婚出産退職などをなくし、育児休業や保育園の充実によって、女性であっても職業キャリアを男性と同じように築くチャンスが出てきている。

しかし、女性の社会進出は、必要な政策であるが、それだけで、現在生じている社会保障・福祉制度の穴あき状況を解決することはできない。なぜなら、職業上の不安定化は、男性以上に女性に影響を及ぼしているからである。女女格差と呼ばれるように、能力のある女性は男性並みのキャリアを築けるようになったが、能力がそれほどない女性、キャリアを望まない女性は、一九八五年以前に比べても、パートなど非正規の職に就かざるをえなくなっている人が、特に若年者で増えている。しかし、従来の社会保障・福祉制度は、女性も望めば「正社員」として働けることを前提に作られている。第Ⅰ部の

八章で見てきたように、非正規雇用やフリーランスの女性には育児休業は無縁の制度でしかない。正社員や公務員などでキャリアを築いている女性にとっては、結婚や出産後も、そのキャリアを継続する見通しができるが、無職や非正規雇用、自由業の女性は放置されたままだ。

一九九〇年代前半までは、女性でも未婚で仕事を続ければ、たとえ結婚できなくても一生正社員として勤務できる見通しがあった。女性でも、未婚新卒であれば正社員になれ、フルタイムで働けば自立できる収入が稼げたからである。だから、終身雇用制は実は、生涯未婚の女性のセーフティーネットにもなっていた。

しかし、二〇〇五年の国立社会保障・人口問題研究所の調査では、学生を除く未婚女性（一八―三四歳）で正規社員であるものは、約五割にまで低下した（文庫版註：二〇一〇年では五三％。一五〇ページ図表8―2参照）。一方で、未婚率が上昇しているのである。正社員としての就職に失敗したり、非正規になった女性は、自分の職でまともな収入を得られないという困難を抱えるとともに、結婚して男性に頼るという道も難しい（不安定収入の未婚男性が増大しているから）[5]。

職業キャリア・家族形態・ライフコースの強制的多様化

このように多様な職業や家族形態、ライフコースの出現は、一部には、選択肢が広がったという意味では、よいことのように見える。標準的ライフコースをたどらなくても、社会的に非難されることではなくなった。しかし、自分で選択したライフコースが実現できる人は現実には少数である。逆に、標準的ライフコースを選択したくても、それさえ、実現できない人が増えている。つまり、強制的に多様化させられているのが、現実の状況なのだ[6]。さらに、これから職業キャリアや家族形成を始める社会に出たての若者にとっては、自分の将来のライフコースの予測がつかなくなることを意味する。

若年期、子育て期、高齢期の危機の深まり

標準的ライフコースをたどりたくともできなくなる状況は、標準的ライフコースにおいて経済的サポートが必要な時期の生活状況を苦しくする。つまり、安定した収入がなくなったり、なくなる可能性が高まるのである。家族生活上、経済的にサポートの必要

があるのは、若年期、子育て期、高齢期である。まだ自立できる収入獲得能力に乏しい若年期、世話が必要な子どもを育てているためフルタイムでの就労が難しい子育て期、そして引退して労働による収入がなくなる高齢期である。十分な年金受給権を得られなかった高齢者、非正規社員同士で子どもを育てている夫婦、親に経済的に頼れない若者など、経済的な支援元がなくなる理由は多種多様であるが、標準的ライフコースから外れた場合のサポートシステムがほとんど存在しないことは、第Ⅰ部の七、八、九章で見てきたとおりである。これらのリスクに対応した社会保障・福祉制度の再構築が必要になっている。

・注

1．エスピン＝アンデルセンは、社会政策の二つの目的は、人々を社会的リスクから守ることと、社会的分断を防ぐことと述べている（『ポスト工業経済の社会的基礎』二〇〇〇）。

2．保育園制度は、従来、保育に欠ける、つまり、標準的ライフコースから外れた場合の異常事態だと規定されてきた。しかし、二〇〇三年の改革で、措置という概念はなくなった。

3. 木元喜美子は、企業福祉が標準的家族モデルを支えていたことを強調する（木元『家族・ジェンダー・企業社会』一九九五）。橘木俊詔は、企業に福祉を担わせることがもう無理であることを強調する（橘木、金子能宏『企業福祉の制度改革』二〇〇三）。

4. 山田（『少子社会日本』二〇〇七a参照）

5. その結果、近年若年女子の専業主婦志向が強まっている。しかし、未婚男性の収入も低下しているため、結果的にその志向は実現しないで終わる人が多くなる。

6. 自由、選択肢の増大が、普通の能力の人にとっては歓迎されないことをバウマンは強調している（バウマン『リキッド・モダニティ』二〇〇一）。

一三章　社会保障・福祉制度の構造転換を目指して

社会保障・福祉制度の構造転換の必要性

最後に、現代社会のあり方に適合した新しい社会保障・福祉制度をどのように構築すべきかという考察に移る。現行の社会保障・福祉制度は、現代に特有の社会状況（ワーキングプアの出現、ライフコースの不確実化）に対応できていない。それに対応できる社会保障・福祉制度を構築すべきである。

しかし、ここで、大きな問題にぶつかる。私が第I部で指摘してきた現行制度の穴の多くは、社会保障研究者や現場で福祉に携わる実務家、政府や官僚、政治家なども気づいているものである。しかし、その対処法に関しては、福祉行政に現実に携わる人、つまり、責任を持つ人は、現行制度をベースにして、できるだけ実現可能な対策、制度を構築すべきだと考えるだろう。現場に責任を持つ必要がなく、予算の制約条件を考える必要がない研究者や評論家の提案などは、彼らにとってみれば、現実離れした空理空論に映るに違いない。

しかし、だからといって、私が指摘してきた現行の社会保障・福祉制度の根本的欠陥を放置して、制度の修正で済まそうとしても、不公平や非効率は温存され、生活困難な人々の問題を根本的に解決することはできず、それに、年金制度を見ればわかるように制度がますます複雑怪奇になっていく。時がたてば、また修正が必要になるだろう。そろそろ、現状変化と制度修正のいたちごっこをやめて、社会保障・福祉制度の大きな構造転換をしていく必要があると切に考えている。

制度を微修正するだけでは根本的解決にならない

制度の微修正では根本的解決にならない例を一つあげよう。それは雇用保険である。正社員を前提とし、就業中に雇用保険料（労使折半）を一定期間納めていた人が、失業したときにもらえるのが、雇用保険制度のうち失業給付である。先に見たように、保険加入要件があって、多くの非正規雇用者は加入できないし、給付も数ヶ月間しか受けられない。これは、そもそも、正社員前提で、失業後も正社員として再就職できることを前提とした仕組みだからだ。二〇〇九年に、国会で改正が問題になっている。それは、

図表13－1　社会保障制度の構造転換の二つの課題

①ワーキングプアの処遇
②ライフコース不確実化への対応

雇用保険制度をそのままに、加入要件や受給要件を緩め、非正規雇用者であっても、失業時に受給できるようにしようとしたものである。与党案でも民主・社民共同案でもあるが、どちらも、現行の制度を前提とした対策なのである（二〇〇九年三月二〇日時点）。たとえ、対象が多少拡大しても、すべての失業者が対象となるわけではない[1]。さらに、就職できなかった新卒（中退）者、仕事を探している主婦、廃業した自営業者は、そもそも除かれる。そして、一定の期限までに職が見つからなければ支給は打ち切られる。現在の制度の拡大をしても、セーフティーネットの役割が担えなくなっているのである（文庫版註：二〇一二年の民主党政権・政府案でも単に適用者を少し拡大しただけである）。

社会保障・福祉制度改革の二つの課題

図表13―1のように、社会保障・福祉制度の構造転換には、二つの課題がある。一つは、ワーキングプア、つまり、自活しなくてはならないのに、フルタイムで働いても十分な収入を得ることができない人々が増大してい

ることを前提に、彼らにどのようなサポートを普遍的に与えるかという課題である。これは、セーフティーネットの再構築の問題となる。

もう一つは、不確実化するライフコースに対応して、人生に生じる一般的なリスクへの対処をどのようにして行うかという課題である。それは、若年期、子育て期、高齢期という、経済的に不安定なライフステージにある人々の生活をどのようにして社会的に守るかという課題と直結している。

低賃金労働はなくならない

そして、これらの課題に対処するために、昔の社会状況には戻れないことを強調しておこう。

よく、ワーキングプアが問題になり始めると、雇用規制をかけて全員を正規雇用にしろ、自営業保護のため、産業規制を強化しろといった意見が出される。しかし、一一章で見たように、労働生産性の格差拡大は、資本主義の構造転換、グローバル化に伴う現象であり、後戻りできない。雇用形態はともかく、教育訓練がそれほどいらない単純労働は経済にとって必要であり、検品する人、掃除をする人、ハンバーガーを渡す人、レジを打つ人、ティッシュやチラシを配る人、介護する人などをなくすことはできない。彼らを雇用保障付きで高給で雇うと、グローバルな中で日本経済が立ちゆかなくなってしまうだろう。さらに、生産性の上がらない伝統的自営業者を保護するために、生産性の高い農業、商業やサービス業を規制することは、消費者の利益に反してしまう。[2]最低賃金を上げることによって、多少なりとも賃金を上げることは必要である。なるべく単純労働する人がいらないような生産、流通の仕組みにするインセンティブを企業に与えることはできる。それでも、フリーランスの人は対象にならないのだ。

そのため、ワーキングプアが存在することを前提としたセーフティーネットの仕組みを作ることが必要になっている。

セーフティーネットの再構築――普遍的なサポートシステムの構築

まず、いまセーフティーネットの再構築が求められている。それは、ワーキングプア、つまり、フルタイムで働いても人並みの生活ができる程度の収入が得られず、かつ、自活が求められる人の生活をサポートするシステムを作ることである。

問題は、ワーキングプアは、さまざまな理由で発生し、さまざまな形態の仕事に就いており、さまざまな家族的背景があることである。正社員として就職できなかった若者、仕事が減っている自営業、夫が失業したため離婚して自活している母子家庭、フリーランスを選択した若者、十分な資産や年金受給権を形成できなかった健康な高齢者、大学院を出たけれど正規の就職先がないオーバードクターだったりする。つまり、人並みの収入を稼げず、キャリアルートから外れ、標準的なライフコースをたどっていない人々すべてが含まれている。また、自立すべき年齢に達しているが、低収入のため、親と同居している低収入パラサイト・シングルなど、潜在的なワーキングプアも視野に入れなくてはならない。

これらの多様なワーキングプアに対して、出現理由や家族形態によって別に制度を作って対応しようとしているから、現行の制度がうまく機能しなくなったのだ。

生活保護ではワーキングプアを救えない

例えば、いわゆる生活保護制度では、彼らすべてをサポートすることはできない。まず、ワーキングプアは、生活保護基準まで落ちていない人が多い。生活保護を受給できるのは、まったく働けない、働いても生活保護基準以下の収入しか得られない人で、かつ、資産や一定以上の貯金がなく、援助してくれる人がいない人に限られるからである（前に述べたように、これを資力調査という）。多くのワーキングプアは、無収入、低収入でも、貯金があったり、援助可能な家族がいたりするので生活保護は受給できない。つまり、生活保護を受けるためには、持っている貯金を使い果たし、援助可能な家族を「切る」必要がある。そうやって、転落した結果、生活保護にたどり着くと、そこから抜け出すインセンティブが働かない。なぜなら、将来に備えて貯金をしたくても、貯金が一定額（おおむね支給額の〇・五ヶ月分）を超えると支給が打ち切られる。働いても生活保護基準額とそれほど変わらない程度の収入であれば、働かないで生活保護費をもらった方が得である。そして、多くの仕事は少なくとも就いてしばらくの間は低賃金なので、生活保護者は働く意欲をなくすのである。

一部の人は、生活保護状態からいきなり正社員となって、人並みの生活ができるくらいの収入を得る職に就くことができる。しかし、現在のように正社員職が限られた数しかない時代には、多くの生活保護受給者にとっては、実現可能性が低い夢のような目標になってしまっている。

資力調査なしの現金給付システム（ミニマム・インカム）

いま存在しているセーフティーネットは、その発生理由や家族形態でもって分類して対応しようとしたことにその欠陥があった。

貯金があっても、そして、援助してくれる人がいても、生活保護基準を多少超えるレベルで働いている人でも、最低限の生活が可能で、また、努力すれば、最低基準以上の生活ができるような現金給付システムを構築すべきである。これをセーフティーネットとして一元化してうまく構築すれば、実は、従来、生活保護や雇用保険、最低賃金などに分立していたセーフティーネットが不要になるのである。

それは、基本的に、資力調査なしでお金を給付するシステムである。つまり、本人の収入がないか低いという条件だけで、住宅を持とうが、貯金があろうが、家族がいようが、最低限の収入を保証するシステムである。子どもの場合は、このシステムと別立てで子育て中の保護者にサポートするか、このシステムに含めて子どもを養育している人に支給するかを決めればよい。

そうすれば、注目を浴びがちな非正規雇用者だけでなく、職種で言えば自営業や自由業から低収入正社員まで、ワーキングプア（そしてその予備軍）が、人並みの生活ができるようにサポートすることができる。

具体的には、低収入者に対する資力調査なしの公的サポートシステムは、ミニマム・インカムと呼ばれ、「ベイシック・インカム」や「負の所得税」として構想されている。

ベイシック・インカムと負の所得税

ミニマム・インカム、つまり、資力調査なしで無収入、低収入の人に、税金を原資にお金を給付しようとする社会保障の考え方は、古くからあった。しかし、「はじめに」に述べたように、資本主義社会において、人は働けば必ず人並みの収入が得られるという前提の下では、この考え方は社会保障・福祉制度に従事する人々の世界でも人気がなかった。収入が安定した職に就かせることを目標にしていたのである（特に成人男性を対象に考えられていた）。しかし、正社員職の絶対数が不足し、そのような職に全員が就くことが難しくなっているときに、職に就くことだけを目標にしたシステムを作っても、それがいまうまく働かなくなっていることは見てきたとおりである。

そして、ワーキングプアが増大しているという時代にすべての人に一定の生活水準を保障するためには、無収入、低収入者すべてに、税金を原資として現金を給付するしかないと考え、ミニマム・インカムを支持する社会福祉の実務家や社会政策研究者、政府関係者、政治家も多くなってきた。

ベイシック・インカムと負の所得税がその代表的な制度だが、基本的には、誰でも生活可能な一定の収入を確保できるように税金を再分配するというものである。

ベイシック・インカムは定額制、負の所得税は定率制の考え方である。

ベイシック・インカムは、一九八〇年代にイギリスの社会政策学者グループによって提唱されたもので、すべての国民に最低生活が可能な金額を給付するものである。働けない人だけでなく、お金持ちにも高齢者にも若年フリーターにも、正社員、専業主婦、あらゆる立場の人に例外なく一定額を国が給付する制度である。[3] そのために、莫大な金額の再分配がなされる。例えば、年一〇〇万円なら、日本国民全員で一二〇兆円、ＧＤＰのほぼ四分の一、現在の国家予算以上の金額を使う計算になる。これを実現するには、税率は相当高率になるだろう。しかし、もらう方から言えば、低収入者だけでなく、高額の税を払う高収入者ももらえるのである。また、生活保護、基礎年金の国庫負担分など他の社会保障費がここに吸収されるから、財政負担が純増するわけではない。また、払う方から言えば、年金、雇用保険の保険料を払う必要はなくなる。

自由主義経済学者ミルトン・フリードマンによって提唱された負の所得税は、給付金付き累進課税というべきものである。[4] 累進課税は、収入が多ければ多いほど税率が高くなるというシステムである。しかし、通常の課税では、一定額以下の収入の人には課税されない。課税最低限以下の収入の人に、一定の割合で税金を割り戻そうとするのが負の所得税の考え方である。例えば、基準を二〇〇万円として率を五〇％（これも、逆累進税率をかけることができる）とすれば、年収一〇〇万円の人は差額の五〇％を給付され、年収が一五〇万円となる。収入がなければ、一〇〇万円給付される。負の所得税の対象は、収入が一定以下の人に限られるのが特徴である。だから、財政負担額はベイシック・インカムに比べ圧倒的に少なくてすむ。

無収入、低収入の人にとっては、ベイシック・インカムも負の所得税もほぼ同じ効果を持つ。例えば、先の例でいえば、無収入者はどちらの制度でも一〇〇万円支給される。年収一〇〇万円の人は、ベイシック・インカムでは一〇〇万円支給されるが、収入の一〇〇万円分に何十％か課税されるので、自分の手取り収入額は、二〇〇万円マイナス課税額となるから、負の所得税での手取り収入額（例えば一五〇万円）とほぼ変わりなくなる。

ベイシック・インカムは、再分配される額が莫大だが、制度の実施は比較的簡単である。二〇〇九年の定額給付金のように、全員に一律で配ればよい。一方、負の所得税は、財政負担が大きくならずに低収入者もサポートできる優れた制度だが、所得額の正確な把握が必要になる。家業として行っている自営業一家の各人の所得をどのように設定するか、給与所得者でも複数のバイトを掛け持ちするフリーター、少額の利子や配当、アルバイト所得など、課税するときは問題にならないくらい少額の所得でも、給付基準となれば正確な把握をしないと不公平が生じてしまう。

ベイシック・インカムや負の所得税がセーフティーネットとして優れている点

ベイシック・インカムや負の所得税など、資力調査なしの給付金制度が、セーフティーネットとして、生活保護や雇用保険など現行の制度よりも優れている点を列挙しておこう。

①すべての無収入者、低収入者をサポートすることができる

まず無収入、低収入で、現在の生活に困っている人すべてをサポートすることができる。従来の生活保護受給者や、保険料を納める必要があった失業給付受給者はもちろん、一度も働いたことのない新卒就職失敗者でも、一定以上の貯金がある人でも貯金を取り

崩さなくても受けることができる。収入が低い自営業者もフリーターもサポートされる。

②最低限の生活からの脱出という希望が持てる

また、生活保護と違い最低限の生活に貼りついたままの人が少なくなる。収入がなくても貯金がある人は貯金を取り崩して上乗せもでき、少しでも働いた人はその収入分が上乗せされる。障害があったり要介護状態など、働きたくても働けない人には特別給付金を上乗せすればよい。

③労働意欲、貯蓄意欲を刺激する

資力調査なしに給付金を配るシステムを提案すると、「怠けている人にもお金を配るのか」という感情的反発や、「労働意欲を削ぐのではないか」という反論がくる。しかし、それは、逆である。従来の生活保護では、仕事をすれば減額される。中途半端な低収入の仕事をするくらいなら、仕事をしない方が得する。だから、いったん生活保護の認定を受けてしまうとそこから脱出するのは難しくなる（相当の収入の職に就かなければ損だから）。しかし、給付金システムだと、仕事をしても減額されない。たとえ、低賃金の仕事であっても、一時的な仕事であっても、仕事をすればするほど、収入が増え、生活が豊かになる。このシステムは労働意欲を高めるのである。

そして、貯蓄意欲も高まる。従来の生活保護では一定額以上の貯金は持てない。しかし、人は、生活水準が低くても不急の出費やどうしても買いたいもののために貯金をしたいものである。貯金があっても給付金を受けられるシステムなら、そのような心配をする必要はない。さらに、貯金がある人が無収入になっても、貯金を使い果たすまでサポートを受けられないということはなくなるから、安心して、自分の生活を豊かにするために、努力して貯金しようとするだろう。

④収入格差を縮めるが、格差は維持される

このシステムは、所得の分配を変え、格差を縮める。しかし、そもそも現にある収入格差をなくすわけではない。ベイシック・インカムでは、全体の収入の底上げがなされるだけであり、収入の金額差はそのまま維持される（もちろん、累進課税で税引き後に調整されるが、それは、現行の制度でも一緒である）。

第Ⅰ部一章で述べたように、最低賃金で働いたり、基礎年金のみを受給している人（過去保険料を払った人）の方が、働かず保険料を納めていない生活保護受給者より収入が低いといった逆転現象は起こらない。条件が同じであるなら働いている人の方が、働いていない人よりも恵まれた生活ができる。年金保険料を納めた人の方が、納めなかった人よりもよい生活ができる（年金保険は上乗せ分のみ必要になる――後述）。貯金がある人の方がない人よりもよい生活ができる。

つまり、資力調査なしの給付金システムは、仕事や貯金や保険料納付など努力が必ず報われるという資本主義社会に適合するセーフティーネットシステムなのである。これが、フリードマンのような自由経済主義者が推奨している理由なのだ。

⑤主婦に優しく、就労意欲も高まる

もちろん、収入のない専業主婦にも支給される。これにより、扶養控除や第三号被保険者保険料免除など正社員の主婦優遇措置は不要になる。そして、非正規社員や自営業者の妻で仕事をしていない主婦にも支給されるから、第Ⅰ部四章で起きたような夫の収入が少ない専業主婦にサポートシステムが何もないという矛盾も解消される。

何よりも、主婦に就労のインセンティブがつくことである。現在の専業主婦への優遇制度では、正社員の妻がある一定以上の収入を超えると、優遇措置がなくなり、夫の税金控除がなくなったり、公的保険の保険料負担が加わり損になる。だから、仕事ができても一定収入以下に制限するというおかしなことが出てくるのだ。主婦も無収入者と見なして支給することにすれば（負の所得税の場合）、家事を優先したいと思えば専業でも一定収入が得られるし、それ以上の収入を得たいと思えば働いた分だけ必ず上乗せされる。就労意欲も高まるし、専業主婦（もちろん、専業主夫でもよい）を選択した人にも優しい制度になる。

⑥高齢者就労意欲が高まる

これは、生活保護を受けている高齢者も同じである。いま生活保護を受給する高齢者が急増している。しかし、働いて収入を得れば受給できなくなるので、働くことが可能でも働いていない生活保護受給の高齢者もかなりの数に上ると思われる。高齢者自身の生きる意欲のためにも、社会全体の労働力不足に対応するためにも、働いても減額されない現金給付（最低保障年金と意味は同じ）は優れているのである。

リスク対応の一元化

次にリスク対応の一元化に移ろう。長寿、要介護、病気、出産など誰にでも起こりうる普遍的なリスクに備えるため、社会保険が整備されている。これからの社会保険では、自分がどのようなライフコースをとっても、公平に保険料を徴収され、公平に給付金を受け取るというシステムを構築する必要がある。

現行のシステムでは、保険料の徴収を始めとして、標準的ライフコースをたどったときには得、そこから外れてしまうと損という仕組みになっている。誰でも望めば標準的ライフコースをたどることが可能なら、このシステムに一定の合理性もあったかもしれない。しかし、正社員になりたくてもなれない、自営業を続けたくてもできない、結婚したくてもできない、結婚しても離婚する等々、標準的ライフコースから外れてしまう人が増えてきている。この事態に対応するためにも、生涯を通じて、特定の職業形態や家族形態を前提としない社会保障システムの構築が望まれるのである。

最低限の生活保障、つまり、いざというとき、セーフティーネットは、先に考察した「資力調査なしの給付金システム」で解決できる。社会保険は、最低生活水準への上乗せ分としてシステムを構築すれば事足りる。つまり、最低生活以上の生活をしたければ、自分で保険料を支払って、その分を上乗せするという考えである。逆に言えば、社会保険にセーフティーネット機能を持たせようとする発想が、ワーキングプア時代に、機能不全を起こしているということである。

経済的に不安定に陥りやすい時期のサポートシステムの再構築

次に人生の中で、経済的に不安定に陥りやすい時期、若年期、出産期、高齢期の社会保障・福祉制度の再構築を考察してみよう。その際、どのようなライフコースをたどってもサポートが受けられ、人生において収入が少ない時期を乗り越えられるシステムを作ることが必要である。まず、高齢期の年金から考察していこう。

年金マイレージ制

第I部七章で述べたように、現行の年金制度は、①サラリーマン—主婦コース、②自営業コースという二つの標準的ライフコースをたどることを前提に組まれている。そして、順調にこのコースをたどった高齢者だけが、安心して生活できるというシステムである。

年金制度改革の問題は、主に、財政の問題として語られることが多く、この二つの前提が崩れていることは問題にならなかった。いつまでたっても、標準的家族モデルでは現役時代の何%が保証されるという言い方がなされる。標準的家族モデルが作れなかった場合のことは、考察対象外なのだ。もちろん、マクロ的な財政均衡は一つの課題だが、それ以上に、個々人がどのようなライフコースをたどるかわからないからこそ不安感が強い、という側面を考慮に入れなくてはならない。特に、いまの若者にとっては、就業し続けられるかどうか、結婚できるかどうか、結婚し続けられるかどうか、子どもを産み育てられるかどうか、それがまったくわからない。それゆえ、自分が払った保険料が無駄になるかもしれないという不安が強まっている。標準的ライフコースをモデルとした年金制度への不信が強まるのも当然である。

そこで、私は、「年金マイレージ制」を提唱する。まず、すべての高齢者に最低限の生活を送ることを保障するという意味では、資産調査なしの給付金システムが対応する。これは、高齢者にとっては、全額税方式の基礎年金とほぼ同じ意味を持つ。収入がない高齢者には、どんな世帯構成であっても、貯金があっても、一人あたり一律一定の額が、生きている限り支払われる。ベイシック・インカム方式なら、全額税方式の基礎年金と同じであり、負の所得税方式なら課税最低限以上の所得者の高齢者には給付がないことになる（二〇〇八年度の民主党年金改革案とほぼ同じ）。とにかく、無年金で公的サポートがない高齢者を出さないためのものであるから、高所得者の処遇は、ミニマム・インカム制では問わない。これにより、基礎年金額が生活保護より少ないという矛盾が解消される。

問題は、上乗せ分をどのように構築するかである。誰しも、高齢期に最低限の生活に落ちる事態に陥りたくないだけでなく、現役時代の生活水準を大きく落としたくないと思う。しかし、何歳まで生きるかわからない以上、自分で資金を用意するのは不合理である。そこで、長生きしたときのリスクに備えるため、最低生活水準からの上乗せ分を保険で賄うことが求められる。

もっとも極端な考え方は、上乗せ分の社会保険（現在は厚生年金や国民年金基金）を廃止して、私的保険ですべて運営すべきという意見である。しかし、そうすると、保険会社によっては、高所得者のみが優遇され、低所得者が拒絶されたり、不利を被ることもあるだろう。入れない人が出てくる可能性が高い。医療保険とは逆に、早く亡くなる人が歓迎されるので、病気をもっていたりたばこを吸う人の保険料が低く、健康な人の保険料が高くなるというおかしな事態が起きるかもしれない。そうなると、上乗せ分も公的に（つまり強制的に保険料を徴収して、公平に給付する）運営すべきだと考える。

私が提唱している年金マイレージ制とは、保険料納付分をマイレージに換算し、六五歳になったときに、貯まったマイルに応じた年金を受け取るというものである。例えば、年間保険料二〇万円を一〇〇マイルと換算し、四〇年間払い続ければ、四〇〇〇マイルとなる（割引率があるから単純に加算できない。若い頃払った保険料のマイルは割り増しされ、給付直前に払った金額は相当割引される、その換算もマイレージ制なら簡単にできる）。一マイル一〇〇円の年金に換算して、年四〇万円を給付金（現行制度ならば基礎年金額）に上乗せしてもらうことができる。マイルは、永久不滅で貯めることを中断してもかまわない。これによって、加入期間の問題はなくなる。

保険金額は上限を決め、収入比例にするのがよいだろう。自営業者は、自己申告で選択させてもよい。

マイレージ制の優れた点

このマイレージ制の優れた点を箇条書きで示してみよう。

①まず、公平である。払いこんだ額（利子率と物価上昇を考慮して割り引いたもの）に応じて年金額が決まるので、多く払った人は多く、少なく払った人は少なくもらうという原則が貫徹する。

②このマイレージ制は、個人が単位なので、雇用や家族関係にかかわらず公平に運用できる。離婚しようが、再婚しようが、それでマイルが減ったり増えたりするわけではない（従来の制度だと遺族年金の計算が複雑で有利になったり不利になったりする——第Ⅰ部五章で見たとおりである）。仕事がサラリーマンから自営業に変わろうと、失業して保険料が支払えない時期があっても積み立てが中断されるだけである。女性の場合、一度専業主婦になっても、仕事を辞める前に払った保険料は無駄にならないし、働きを再開すれば、またマイルが貯まり、年金額に反映される（男性が主夫になっても同じ）。

③政策的な優遇措置を行いやすい。例えば、現在、育児休業中の保険料免除などはあるが手間がかかり、原則正社員にしか適用されない。複雑な制度を作らなくても、マイレージ制にすれば、育児休業中は一律一〇〇マイル進呈とか、子どもを育てている人はマイル一割増しなど、お金に換算できない社会的貢献に対してマイル付与という形で報いることができる。子どもを育てている専業主婦（夫）などにも優しい制度になる。ボランティア従事者や地震被災者に一律一〇マイル進呈なども可能だ（ただ、これをやりすぎると混乱するので、ある程度の歯止めは必要だろうが）。

④年金額がわかりやすい。毎年、マイル残高を通知すれば、いま積み立てを打ち切って、六五歳から年金をもらうことになったらいくらになるかということがすぐわかる。

⑤ここが最大のポイントなのだが、保険料を払うのが楽しみになるということだ。保険料といえば払いたくないと思うが、それが、マイレージとなれば貯まるのが楽しみになる。保険料を納めれば納めるほど、マイレージが増え、受給予定年金額が増え、それが毎年確認できる。日本人には、航空会社のマイレージだけでなく、デパートのポイントカードなどお得なポイントを貯めるのが好きな人が多い。従来の厚生年金と機能的に同じでも、呼び方を変えるだけで、人々の納入意欲をそそるのである。

親保険——子育て期への特別サポート

子育て期の親の生活をサポートすることは、単に、親の貧困化を防ぐというだけでなく、「少子化対策」としても「子どもの教育の機会均等化」政策としても有効である。[6] そして、現在、親の経済状況による子どもの教育機会の格差拡大が懸念されている。貧困状態で育つ子どもがいなくなれば、子どもの教育の機会均等が実現しやすくなる。そして、子どもを育てる時期に、生活水準の低下が防げれば、子どもを持つ意欲が高まる。何より、貧困を原因とした児童虐待を防ぐためにも有効である。

これも、従来の標準的ライフコースを前提とする社会保障・福祉制度では、まず、両親がそろっていることが原則であり、父親たる男性が正社員か自営業で十分に収入があること、そして、母たる女性は子育てに専念しても経済的に問題ないことが前提とされていた。それゆえに、子育て期の家族に対しては、諸外国に比べれば低額で所得制限のある児童手当と扶養家族の所得控除でよかったのである。日本では、子育て世帯に限れば、当初所得と再分配後の所得では、後者の方がむしろ格差が拡大していることは八章で述べた。

しかし、男性の非正規雇用者の増大や、収入が上がらない正社員、自営業者が増えていることにより、父親の収入が不安定となった。母親の就労率は上がっても、パートなど非正規雇用が主で、低下する父親の収入を補うほどには増えていない。四章や八章で示したように、能力のある女性がフルタイムで働き続けるための支援システムは整っているが、そもそも正社員になれない女性への支援がないのだ。

子育て家庭に給付金の上乗せか、保育園の選択を

まず、資力調査のない給付金システムにより、低収入の子育て家庭への基礎的支援は可能である。ただ、子どもがいない人にも支給されるため、子育てという経済的、時間的負担をある程度、社会全体で共同して負担する必要があると考える。

年金マイレージ制と同じように、子育て家庭へ、上乗せ分の支給をする必要がある。それには、親（ひとり親でも両親でも里親でも）の意向に従った支援システムが必要である。そこで、働き続けることを選択した親には保育園を無料で利用可能にし、逆に働かないで子どもと一緒にいることを選択した親には、上乗せで給付金（児童養育手当）を支給するシステムをとればよいだろう。そうすれば、夫婦ともフルタイムで働きたい

親には無料の保育園が提供される。片働きの場合は、養育手当一人分が上乗せされる。たとえ夫婦がワーキングプアで失業しても、ミニマム・インカム＋児童養育手当二人分が支給されることになる。ひとり親には二人分の児童養育手当が支給されるようにすればよい。共働きが増えるか、それとも、片働きが多いかは、児童養育手当と賃金のバランスで決まる。経済が悪化し賃金水準が低下すれば養育手当をもらう夫婦が増え、労働需要が高まれば保育園を選ぶだろう（これはフィンランドなど北欧諸国で見られたものである）。いずれにしろ、労働市場を柔軟にして育児休業後の就職支援をする必要はあるが、これは、現行制度でも変わらない。

そして、義務教育だけではなく、高等学校（それに相当する専門学校）までの授業料は（および教育にかかる費用も）無料にするのは当然である。なぜなら、中卒で自立できる収入を稼げる職に就く機会が乏しくなっているからである。さらに、国立大学法人の授業料も無料にすべきである。すべての若者が高等教育を受ける必要はないが、高等教育を受けたいと望みかつ能力がある高校卒業者には、生活を心配することなく大学以上の学歴をつけることを可能にする。

このようにすれば、子育て期、そして、子どもが進学しても、生活水準の低下を心配することがないので、若者は経済的には安心して何人も子どもを産み育てられるであろう。その結果、子どもが増えるだけではなく、親の所得状況にかかわらず、能力を伸ばすことが可能になり、日本社会全体の活性化にもつながる。

若者支援――自立できるまでのサポートシステム

次に若者支援に移ろう。いままで日本社会で若者の貧困化が問題にならなかったのは、一つは新卒一括採用システムがうまく機能し、大多数の新卒者が企業の正社員として就職、もしくは、経営が安定した自営業の跡継ぎとなれたからである。そして、日本では、親同居が一般的なので、たとえ収入が低くても豊かな親に支えられて、そこそこ豊かに生活できたのである。

そうすると、現代の学校卒業後の若者は、二つのリスクに晒されていることになる。一つは新卒後に正社員として就職できず、不安定で低賃金の職に就かざるをえないリスクである。もう一つは、親が亡くなっている、親自体が貧困、親との不和などさまざまな理由で親元に同居して経済的にサポートされないリスクである。その結果、二つの若者格差が出現することになる。一つは、正社員など安定した職に就けた若者と不安定な職にしか就けなかった若者の格差、もう一つは親にパラサイトできる若者とそうでない若者の格差である。特に、この二つの悪条件（正社員になれず親のサポートも受けられない）が重なった若者が、ワーキングプアとして表に出てきているのだ。

この状況を改善するために、まずは、セーフティーネットとしてのミニマム・インカムを機能させることが必要である。特に学校卒業後、親から支援が受けられない若者に、一人暮らし給付として、ミニマム・インカムに上乗せして支給する（逆に、親と同居している若者には給付を減額してもよい——若者が自立しやすくなり、結婚しやすくなるだろう）。そして、非正規の単純労働に就く若者が出てくるのは仕方ないにしても、そこから脱出するための機会を多くすることは必要である。かつて安倍内閣の頃（二〇〇六—〇七年）、再チャレンジ政策などが声高に述べられたことがあったが、二〇〇九年時点では雲散霧消している。新卒一括採用システムを見直す、失業していたり非正規の職に就いている若者に教育訓練を施すなどして、低賃金雇用に就く期間をなるべく短縮するといった試みが必要になっている。

・注——

1．それゆえ、二〇〇九年、解雇された派遣労働者等の支援では、生活保護を使わざるを得なかったのだ。逆に、解雇されても親と同居していれば何の保証もないことになる。

2．単純労働者なしで、現在の経済が維持できるかどうかには異論があるが、少なくとも、グローバル化を止め、労働にすべて企業の保証をつければ、物価は上昇し、生活水準が低下することは避けられない。もちろん、それでもかまわなければ、すべてを正社員にするという選択肢も考えられる。経済成長だけが社会の目的ではないし、幸せと生活水準は必ずしも連動するわけではない。

3．ベイシック・インカムの現状や論争に関しては、トニー・フィッツパトリック（『自由と保障』二〇〇五）、ゲッツ・ヴェルナー（『ベーシック・インカム』二〇〇七）等を参照。所得制限なし全額税方式の基礎年金が実現すれば、それは、高齢者に対するベイシック・インカムである。所得制限がない児童手当があれば、これもベイシック・インカムに相当する。フィッツパトリックによると、カナダなどいくつかの国で導入が検討されたが、現実には導入している国はないという。

4．負の所得税はさまざまなパターンがある。ただ、導入を主張したフリードマンも、晩年には変節したという。欧米では「給付金付き税額控除」として、実施されている国も多い。フィッツパトリックによると、ベイシック・インカムとの大きな違いは、負の所得税が「事後給付（所得が確定した後に給付されること）」という点である。

5. 駒村（『大貧困時代』二〇〇九）が主張する上乗せ分をすべて厚生年金として再編するという方式が、現行方式をベースにすればもっとも合理的である。
6. 阿部彩（『子どもの貧困』二〇〇八）、浅井春夫・松本伊智朗・湯澤直美（『子どもの貧困』二〇〇八）等が、貧困層の子育て対策の緊急性を強調している。

まとめ

以上、セーフティーネットとしての資力調査なしの給付金システム（ミニマム・インカム）、高齢、子育て、若年という人生においてリスキーな時期のサポートシステムとして、年金マイレージ制、親保険、一人暮らし若者給付と再チャレンジ政策を提言してきた。もちろん、社会保障・福祉制度は、これだけに限るものではないが、ここで提案したシステムを一気に作ることができれば、底抜けした現行の社会保障・福祉制度を立て直すことができるに違いない。そして、これらの制度は、極めて単純で誰にでもわかりやすいことに意味がある。収入が低くなれば誰でももらえるミニマム・インカム、マイルを貯めて将来もらえる年金額がわかるマイレージ制、子どもを産み育てればどのような家族にも出る手当、親から自立すればもらえる若者給付、どれをとっても単純である。

もちろん、私の提言がもっともよい社会保障・福祉制度であるとまでは言うつもりはない。しかし、現行の制度よりははるかにましなものだと思っている。何度も述べるが、ワーキングプアの出現、および、ライフコースの不確実化に対応できる制度になっているからである。

実現過程を考えないですむ研究者の空理空論であると言われることは覚悟しながら、[1]ここに提言を終わりたい。

・注――

1．福祉社会学会会長でもある武川正吾東大教授も、「漸進的な改革のためには根源的な思想が必要だ」と述べている（フィッツパトリック『自由と保障』二〇〇五　訳者まえがき参照）。

あとがき

家族の調査研究をしたり、大学教育の現場で学生や卒業生の話を聞いたり、審議会や研究会に出席していると、家族生活に関するさまざまな事例に出会う。そして近年、社会保障に関して、「この制度はおかしいのではないか」という話に接するケースが目立って増えてきた。

二〇〇六年の『新平等社会』出版後、文藝春秋の山本浩貴さんに次の一冊と言われたときに、社会保障制度に空いた穴を、私が出会った事例をもとに見ていくというのはいかがでしょうと話したら、ぜひということになった。最初は事例集ということで軽く考えていたら、これらの空いた穴の根底には、共通の問題があることが浮かび上がってきた。それは、一九九〇年代後半以降、経済状況や家族の状況が変化しているにもかかわらず、社会保障制度は高度経済成長期のままであるという本書で何度も述べた問題である。そこで、現行の社会保障・福祉制度は、いかに今の時代——つまり、ワーキングプア時代に合っていないかというロジックを考察後、一冊にするということになった。

そうこうしているうちに、年金記録漏れ問題がクローズアップされたと思ったら、サブプライムローン破綻からリーマンショック、そして二〇〇九年に入ると世界大不況と言われる時代に突入し、現実に社会保障・福祉制度に空いた穴が大きくなっていく様子が目に見えるように明らかになった。もう格差ではなく、「貧困」をテーマとした本が社会問題コーナーの主流になりつつある。

現行制度の手直し程度では、セーフティーネットに空いた穴は埋められず、将来生活への不安も払拭できない事態になっている。思い切った社会保障・福祉制度の抜本的改革が必要であることについて、研究者だけでなく、政治家や官僚にも気づく人が出始めている。

もちろん、年金や貧困問題に関しては社会保障に関する専門家がさまざまな改革案を出している。その中で、あえて、本書を書いたのは、私が社会保障問題の専門家ではないがゆえに、大胆に考察し、大胆な改革案を構想できたからだと思っている。

本書を読んで、現行の社会保障・福祉制度に根本的欠陥があることに気づき、抜本的改革が必要だと考える人が増えたら望外の幸せである。

本書の執筆に際しては、多くの人にお世話になった。文藝春秋では、執筆のきっかけを作っていただいた山本さん、そして、引き継いで編集に当たっていただいた林暁さんにはたいへんお世話になった。社会保障制度に関する専門用語に関しては、大阪成蹊大学非常勤講師の金原あかね先生にチェックしていただいた。また、資料収集に際しては、一橋大学大学院生の開内文乃さん、学芸大学大学院卒業生の吉森福子さんにお手伝いいただいた。

紙面を借りて感謝の意を表したい。

山田昌弘

二〇〇九年五月一二日

解説　「ワーキングプア時代」における希望

稲泉連

この本を読んでいると、何とも言えず不安な気持ちになってくる。いまの社会を生きる私たちが胸の奥に仕舞い込んでいるある種の違和感、あるいは普段は考えないようにしている将来への不安が、頁をめくる度にちくちくと刺激される気がするからだろうか。

思えば山田昌弘さんの著作は、これまでもそうした気持ちを呼び起こされるものがほとんどだった。ベストセラーとなった『パラサイト・シングルの時代』や『希望格差社会』、そしてそれらの論考をさらに深めた『新平等社会』もそうだ。そこでは既存の社会システムの根底を支えていたはずの価値観や神話の崩壊がまずは描かれ、次にそれが崩壊しているにもかかわらず変わらぬふりをしている社会制度の不備が、独特な視点によって身も蓋もなく明らかにされていく。二〇〇九年六月に『ワーキングプア時代　底抜けセーフティーネットを再構築せよ』という名で上梓された本書でも、その切れ味の鋭さはしっかりと受け継がれている。

本書で山田さんが繰り返し指摘しているのは、現在の多くの社会保障・福祉制度が構造的に時代の変化に対応できていない、という実態だ。

年金も生活保護も子育て支援も——まさに「揺りかごから墓場まで」のあらゆる制度が耐用年数を超えて運用されており、本来のセーフティネットとしての役割を十全に果たせなくなっている。本書の白眉は、個別に見ればそれぞれに複雑な課題を抱える各制度が、全体としては極めて単純明快な背景によって機能不全を起こしていることを浮かび上がらせるところにあるだろう。

現状の日本の社会保障制度はみな、高度経済成長期における二通りの前提をもとに設計されている、と山田さんは指摘する。一つ目は〈フルタイムで働ける人は、必ず、生活できる程度の収入を得る職に就くことができる〉こと、もう一つは〈最低賃金レベルで働く人には、必ず、彼（彼女）を扶養している家族がいる〉ことだ。そしてそのどちらのモデルにも属さない人でも、当時は本人が望んだり努力をしたりすれば、〈人並み〉とされる生活を手に入れることができる、との〝見通し〟があった。日本における社会保障は年金にしろ生活保護にしろ、この二つのモデル（とその見通し）をもとに設計され、現に機能することができていた、と。

ところがこの前提は一九九〇年代後半——山田さんが〈一九九八年問題〉と呼ぶニュ

ーエコノミーの台頭に伴う社会構造の変化によって、一気に崩れることになった。ことの発端はそこにある。いまや大学を卒業しても正社員になれる保証はなく、自営業者も様々な分野で衰退している。そんななかで行政が想定していなかった人々が増え始めたため、様々な制度が構造的問題を抱え始めた、というわけだ。

その最も典型的なケースとして挙げられるのが、働いているにもかかわらず生活が豊かにならない「ワーキングプア」の増加である。既存の社会保障制度は、大人がフルタイムで働けば家族を養うだけの収入を得られることを前提としているので、ワーキングプアの状況にある人々はそもそも存在しないことになっている。よって彼らのための制度も存在せず、多くの人たちがセーフティネットの網からこぼれおちてしまっている。

そして、さらに重要なのは〈特別の理由なく、普通に働いても人並みの生活が送れない人々が増えていることは、それ自体が問題〉であると同時に、〈現在人並みの生活を送ることができている人の不安を強める〉という指摘だ。なぜなら〈ワーキングプアの出現は、貧困生活をする人と人並みの生活を送っている人の境界を曖昧にする〉からであり、そこに現在どのような立場・待遇で働いている人であっても、将来に対する「不安」を抱えざるを得ない不安定な社会を山田さんは見出していく。

学校を卒業しても人並みの収入が得られる職に就けない人、真面目に仕事をしていても徐々に収入が低下する人、真面目に働く男性と結婚しても、夫の収入低下が起きる人、公的年金だけでは暮らせない状態に陥る人。そんな人が身近にいるから、自分にも将来起こりうるのではないかと不安がつのるのである。ワーキングプアの存在が、普通に生活している人に、いままでどおりの生活が送れなくなる可能性があることを強く意識させるのである。

私は本書の冒頭ではっきりと示されるこの問題意識に触れたとき、以前に同世代のホワイトカラーが取材の中で語った、こんな言葉を思い出さずにはいられなかった。ある大手企業に勤める彼は、現代社会で働くことで感じ始めた気持ちをあるときこう話したものだった。

「世の中全体、日本の経済全体が膨らんでいたときは、働く個人が現状維持でも総体としては自分も一緒に膨らんでいけたけれど、僕らは（就職氷河期にしろリーマン・ショック後の不況にせよ）縮小すらしかねない時代をずっと生きてきた。時代が『右肩下がり』だというのであれば、現状維持という考え方では時代と一緒に落ちていってしまう。いまよりも自分を良くしていかないと、現状維持ですら現実には怪しくなっちゃうわけ

だから……」（『仕事漂流　就職氷河期世代の「働き方」』より）
　だから、常に走り続けていなければならない。そうしなければ自らの仕事や生活がどうなるか分からない……。
　それは同時期に取材していた二十代後半から三十代前半の正社員が、異口同音に話した焦りの感覚でもあった。たとえ一流企業の正社員であっても、彼らは一様に「立ち止まっては危険だ」という不安感を抱いている。山田さんに言わせれば、そのような不安感は高度にグローバル化した資本主義社会の中で、ほぼ宿命的に人々が背負わされているものだということになる。
　ならば、いまという時代に停滞感が漂っているのは必然なのだ。何よりそのような社会構造の変化の影響を最も受けている若い世代が、自らの現状を単に「自己責任」や「努力が足りない」という言葉で切り捨てられ兼ねないプレッシャーのなか、家族を持つリスク、子供を持つリスク……といった課題とそれぞれの立場で向き合い、人生を一歩前に進めようとする度に悩み、立ちすくまなければならなくなっているのだから。それは「ロスト・ジェネレーション」と名付けられた、自分と同じ世代の働く人たちの取材を続けてきた私自身の実感でもある。

ところで本書を読み進めていると、家族社会学者である山田さんが一貫して世の中を見つめる切り口としてきた「家族」というテーマが、いかに社会の全体像や本質を描く上での強力な武器であるかを思い知らされる。

例えば、なぜ一九九〇年代後半から顕在化し始めていたはずの社会保障制度の「穴」が、十数年という長きにわたって見過ごされてきたのか。その理由を山田さんは「パラサイト・シングル」という視点からあっさりと説明してみせる。日本では収入の低い非正規労働に従事する若者が親と同居しているケース（パラサイト・シングル）が多いため、若年ワーキングプアの増加が見た目上は隠されてきた。そして〈現在の社会保障・福祉制度は、世帯単位に構築されている〉ので、〈個人単位で見れば問題だが、世帯単位で見れば問題ではない状況が、制度的に放置されてきた〉というように。

山田さんが「パラサイト・シングル」の増加を、様々な統計データの中から「発見」したのは一九九七年のことだ。それから一五年以上の歳月が流れたが、いまだその視点は有効であるばかりか、親世代の高齢化によってより幅広い問題へと発展していることが本書を読むと分かる。

ある一つの「家族」の変化についての論考が、少子化や晩婚化の背景、社会保障制度の問題点を浮かび上がらせ、ついにはニューエコノミーと呼ばれる世界的な潮流にまで押し広げられていく。時代が大きく動き出す兆候を見つけ出し、そこから社会の現状や未来の姿をダイナミックに描き出してしまう山田さんの著作に共通する迫力は、本書でも十分に感じることができるのではないだろうか。

最後に、本書で執拗に描き出される「ワーキングプア時代」を生きる困難さの記述には、これまでも同様の問題を語り続けてきた山田さんのいらだちや、多くの学生たちをその社会に送り出してきた教育者としての〝怒り〟がにじみ出ているように感じられる。ただ、既存の制度の抜本的な再構築を提言する本書の読後感は、結果的にはそれでも前向きな気持ちにさせられるものだった。

山田さんがこれまでの著作で度々紹介してきた言葉がある。それはアメリカの社会心理学者、ランドルフ・ネッセの次のような言葉だ。

〈希望は努力が報われると感じるときに生じ、努力が報われないと感じれば絶望が生じる〉

ベイシック・インカムや年金マイレージ制、子育て支援や各種給付金……。それらの妥当性や実現に対する課題については様々な議論があるだろうけれど、本書における提案を読んでいると、袋小路に陥っているかに見える日本の社会保障制度の未来にも、まだまだ活路はあるのだという思いが増してくる。それはこの社会心理学者の言葉通り、人々が将来への「希望」を見出すためのアイデアを、山田さんが各々の提案の中に意識的に盛り込んでいるからに違いない。

私たちが未来に対して「希望」を抱き、いまある生を活き活きと送るためにはどのような発想が必要なのか。

それを考える上でのヒントが詰め込まれている本書が、社会保障制度をめぐる議論の中で折に触れて読み返され、参考にされていくことを期待したい。

（ノンフィクション作家）

文献目録

阿部彩『子どもの貧困――日本の不公平を考える』二〇〇八、岩波新書
雨宮処凛『プレカリアート　デジタル日雇い世代の不安な生き方』二〇〇七、洋泉社
浅井春夫・松本伊智朗・湯澤直美『子どもの貧困』二〇〇八、明石書店
ジグムント・バウマン（森田典正訳　原著二〇〇〇年）『リキッド・モダニティ　液状化する社会』二〇〇一、大月書店
ジグムント・バウマン（伊藤茂訳　原著一九九八年）『新しい貧困　労働、消費主義、ニュープア』二〇〇八、青土社
トニー・フィッツパトリック（武川正吾／菊地英明訳　原著一九九九年）『自由と保障　ベーシック・インカム論争』二〇〇五、勁草書房
萩原久美子『迷走する両立支援』二〇〇六、太郎次郎社
原田泰「あえて言おう　年金制度はいらない」（「WEDGE」二〇〇九年四月号）
広井良典「リスクと福祉社会」（『リスク学入門1　リスク学とは何か』二〇〇七、岩波書店）
本田由紀『多元化する「能力」と日本社会』二〇〇五、NTT出版
今田高俊責任編集『リスク学入門4　社会生活からみたリスク』二〇〇七、岩波書店

岩田正美『現代の貧困――ワーキングプア／ホームレス／生活保護』二〇〇七、ちくま新書
川崎昌平『ネットカフェ難民　ドキュメント「最底辺生活」』二〇〇七、幻冬舎新書
木本喜美子『家族・ジェンダー・企業社会〜ジェンダー・アプローチの模索』一九九五、ミネルヴァ書房
駒村康平『大貧困時代』二〇〇九、角川SSC新書
駒村康平「貧困問題と所得保障制度」二〇〇九、『社会政策研究九号』東信堂
小杉礼子『フリーターという生き方』二〇〇三、勁草書房
大竹文雄『日本の不平等　格差社会の幻想と未来』二〇〇五、日本経済新聞社
大竹文雄『格差と希望　誰が損をしているか？』二〇〇八、筑摩書房
大津和夫『置き去り社会の孤独』二〇〇八、日本評論社
大山典宏『生活保護VSワーキングプア　若者に広がる貧困』二〇〇八、PHP新書
水月昭道『高学歴ワーキングプア　「フリーター生産工場」としての大学院』二〇〇七、光文社新書
毎日新聞社人口問題調査会編『超少子化時代の家族意識―第1回人口・家族・世代世論調査報告書―』二〇〇五、毎日新聞社
宮本みち子『若者が《社会的弱者》に転落する』二〇〇二、洋泉社
ロバート・B・ライシュ（清家篤訳　原著二〇〇一年）『勝者の代償』二〇〇二、東洋経済新

報社
ロバート・B・ライシュ（雨宮寛／今井章子訳　原著二〇〇七年）『暴走する資本主義』二〇〇八、東洋経済新報社
堺屋太一『団塊の世代「黄金の十年」が始まる』二〇〇八、文春文庫
斎藤環『社会的ひきこもり　終わらない思春期』一九九八、PHP新書
佐藤俊樹『不平等社会日本　さよなら総中流』二〇〇〇、中公新書
『社会政策研究』編集委員会『社会政策研究9　特集貧困化する日本と政策課題』二〇〇九、東信堂
下平好博・三重野卓編著　『講座・福祉社会第12巻　グローバル化のなかの福祉社会』二〇〇九、ミネルヴァ書房
サスキア・サッセン（伊豫谷登士翁監訳）『グローバル・シティ』二〇〇八、筑摩書房
デイヴィッド・K・シプラー（森岡孝二／川人博／肥田美佐子訳　原著二〇〇四年）『ワーキング・プア　アメリカの下層社会』二〇〇七、岩波書店
白波瀬佐和子『少子高齢社会のみえない格差』二〇〇五、東京大学出版会
椋野美智子、田中耕太郎　『はじめての社会保障第7版』二〇〇九、有斐閣アルマ
武川正吾『連帯と承認　グローバル化と個人化のなかの福祉国家』二〇〇七、東京大学出版会

高山憲之『信頼と安心の年金改革』二〇〇四、東洋経済新報社
橘木俊詔・浦川邦夫『日本の貧困研究』二〇〇六、東京大学出版会
橘木俊詔・金子能宏『企業福祉の制度改革——多様な働き方へ向けて』二〇〇三、東洋経済新報社
橘木俊詔・長谷部恭男・今田高俊・益永茂樹責任編集『リスク学入門1　リスク学とは何か』二〇〇七、岩波書店
ゲッツ・ヴェルナー（渡辺一男訳　原著二〇〇六年）『ベーシック・インカム　基本所得のある社会へ』二〇〇七、現代書館
山田昌弘『希望格差社会　「負け組」の絶望感が日本を引き裂く』二〇〇四a、筑摩書房
山田昌弘『家族ペット　ダンナよりもペットが大切!?』二〇〇四b、サンマーク出版→文春文庫
山田昌弘『パラサイト社会のゆくえ——データで読み解く日本の家族』二〇〇四c、ちくま新書
山田昌弘『迷走する家族　戦後家族モデルの形成と解体』二〇〇五、有斐閣
山田昌弘『新平等社会　「希望格差」を超えて』二〇〇六、文藝春秋
山田昌弘「『妊娠先行型結婚』の周辺」二〇〇五、毎日新聞社人口問題調査会『超少子化時代の家族意識』所収

山田昌弘『少子社会日本——もうひとつの格差のゆくえ』二〇〇七a、岩波新書
山田昌弘「家族とリスク」二〇〇七b、岩波書店『リスク学入門4 社会生活からみたリスク』所収
ジョック・ヤング（青木秀男／伊藤泰郎／岸政彦／村澤真保呂訳 原著一九九九年）『排除型社会——後期近代における犯罪・雇用・差異』二〇〇七、洛北出版
吉川徹『学歴分断社会』二〇〇九、ちくま新書
湯浅誠『反貧困——「すべり台社会」からの脱出』二〇〇八、岩波新書
沼尾波子「自治体の生活保護行政をめぐる現状と課題」二〇〇九、東信堂『社会政策研究9』所収
エスピン＝アンデルセン（渡辺雅男・渡辺景子訳）『ポスト工業経済の社会的基礎——市場・福祉国家・家族の政治経済学』二〇〇〇、桜井書店

単行本『ワーキングプア時代』二〇〇九年六月　文藝春秋刊
文庫化にあたって改題しました。

文春文庫

ここがおかしい日本《にほん》の社会《しやかい》保障《ほしよう》

定価はカバーに表示してあります

2012年11月10日　第1刷

著　者　山《やま》田《だ》昌《まさ》弘《ひろ》

発行者　羽鳥好之

発行所　株式会社　文藝春秋

東京都千代田区紀尾井町 3-23　〒102-8008
TEL　03・3265・1211
文藝春秋ホームページ　http://www.bunshun.co.jp

落丁、乱丁本は、お手数ですが小社製作部宛お送り下さい。送料小社負担でお取替致します。

印刷・大日本印刷　製本・加藤製本

Printed in Japan
ISBN978-4-16-773603-3

文春文庫　最新刊

消失者　アナザーフェイス4　堂場瞬一
現行犯の老スリを取り逃したその晩、死体が。大人気シリーズ第四弾！

神苦楽島《かぐらじま》　上下　内田康夫
女性の不審死事件の鍵は、淡路島と伊勢を結ぶ一本の線。傑作ミステリー

横道世之介　吉田修一
進学のため上京した世之介の青春を描く金字塔。来年二月映画公開決定

老いらくの恋　縮尻鏡三郎　佐藤雅美
米相場で大儲けしたご隠居に寄ってくる有象無象…。人気シリーズ第六弾

桃色東京塔　柴田よしき
東京と地方で悩む二人。男女の警察官による、異色の遠距離恋愛警察小説

宮本武蔵〈新装版〉　津本陽
十三歳にして試合相手の頭蓋をかち割った武蔵。壮絶なる歴史長編

秋山久蔵御用控　**乱れ舞**　藤井邦夫
公儀を恨みながら死んだ友の無念を〝剃刀〟久蔵が晴らす！　シリーズ第七弾

耳袋秘帖　**神楽坂迷い道殺人事件**　風野真知雄
七福神めぐりが流行る中、寿老人が石像に頭を潰されて…。シリーズ第十弾！

樽屋三四郎　言上帳　**雀のなみだ**　井川香四郎
男気に溢れる若き町年寄が、情報と人情で事件を未然に防ぐシリーズ第八弾

回廊の陰翳　広川純
巨大宗派の闇を追う若き僧侶。松本清張賞作家が挑む新社会派ミステリー

その日まで　紅雲町珈琲屋こよみ　吉永南央
コーヒーと和食器の店を営むお草が活躍するヒット作『萩を揺らす雨』続編

くれなゐ　上下　渡辺淳一
子宮摘出手術を受けた冬子が、性別を問わぬ恋愛を経て悦びを取り戻す

「レ・ミゼラブル」百六景　鹿島茂
ラッセル・クロウ出演で正月映画化！　木版画多数、伝説的名著の復刊

アザラシのひげじまん　椎名誠
焚き火の話からブンメイ批判まで。愛用のワープロに打ち込む長寿コラム

旬菜膳語　林望
日本のおいしいものがこんなに！　リンボウ先生による至高の和食文化講義

「足に魂こめました」　カズが語った［三浦知良］　一志治夫
四十代半ばにして疾走を続けるサッカー界の至宝カズが熱く語る半生

博士たちの奇妙な研究　素晴らしき異端科学の世界　久我羅内
幽霊屋敷は人工的に作れる!?　科学者たちが没頭する奇妙な研究を紹介！

主食を抜けば糖尿病は良くなる！　糖質制限食のすすめ　江部康二
「患者全員が劇的に改善」「インスリン注射は中止」治療の未来が変わる！

満州国皇帝の秘録　ラストエンペラーと「厳秘会見録」の謎　中田整一
溥儀の専属通訳が残した会見記録から、傀儡国家の実態が見える貴重な書

ここがおかしい日本の社会保障　山田昌弘
生活保護給付金より低い「最低賃金」から「パラサイト・中高年」問題まで

TOKYO YEAR ZERO　デイヴィッド・ピース　酒井武志訳
焼け跡の東京をさまよう殺人鬼。「このミス」3位の暗黒小説大作